DIREITO E PROCESSO DO TRABALHO

Coleção Para Facilitar o Direito

LIVRO 2

MODELOS DE PEÇAS

1ª EDIÇÃO - 2009

© COPYRIGHT 2009
ÍCONE EDITORA LTDA.

DESIGN DE CAPA
RODNEI DE OLIVEIRA MEDEIROS

DIAGRAMAÇÃO
JOÃO BOSCO MOURÃO

REVISÃO
ROSA MARIA CURY CARDOSO

Proibida a reprodução total ou parcial desta obra, de qualquer forma ou meio eletrônico, mecânico, inclusive através de processos xerográficos, sem permissão expressa do editor (Lei nº 9.610/98).

ÍCONE EDITORA LTDA.
RUA ANHANGUERA, 56
CEP 01135-000 - São Paulo - SP
TEL./FAX.: (11) 3392-7771
WWW.ICONEEDITORA.COM.BR
E-MAIL: ICONEVENDAS@ICONEEDITORA.COM.BR

Gleibe Pretti
Valeska Sostenes

DIREITO E PROCESSO DO TRABALHO

Coleção Para Facilitar o Direito

LIVRO 2

MODELOS DE PEÇAS

1ª EDIÇÃO - 2009

Dados Internacionais de Catalogação na Publicação (CIP)
(Câmara Brasileira do Livro, SP, Brasil)

Pretti, Gleibe
  Direito e processo do trabalho : livro 2 : modelos de peças / Gleibe Pretti, Valeska Sostenes. -- 1. ed. -- São Paulo : Ícone, 2009. -- (Coleção para facilitar o direito / coordenação Gleide Pretti)

ISBN 978-85-274-1035-9

1. Direito do trabalho 2. Direito do trabalho - Brasil I. Sostenes, Valeska. II. Título. III. Série.

09-03430   CDU-34:331(81)

Índices para catálogo sistemático:

1. Brasil : Direito do trabalho   34:331(81)

Índice

Procuração *ad judicia*, 11
Contrato de honorários advocatícios, 12
Declaração de pobreza, 13
Esqueleto da Reclamação Trabalhista a ser processada pelo rito ordinário, 14
Reclamação Trabalhista a ser processada pelo rito ordinário, 15
Peça: Reclamação Trabalhista a ser processada pelo rito de alçada, 18
Peça: Reclamação Trabalhista com Liminar, 20
Peça: Reclamação Trabalhista com tutela antecipada, 22
Peça: Reclamação Trabalhista a ser processada pelo Rito Sumaríssimo, 31
Peça: Reclamação Trabalhista com pedido de rescisão indireta, 36
Peça: Inquérito para apuração de falta grave, 41
Esqueleto da peça: Ação rescisória, 46
Peça: Ação rescisória, 48
Peça: Ação Cominatória, 55
Peça: Ação de Cobrança, 59
Peça: Dissídio Coletivo, 61
Peça: Ação de cumprimento, 63
Esqueleto da peça: Mandado de segurança, 67
Peça: Mandado de segurança, 69
Peça: Ação Possessória, 72
Peça: Ação Cautelar: Produção antecipada de provas, 74
Peça: Ação Cautelar de Protesto, 76
Habeas-corpus, 79
Habeas-data, 80
Ação Revisional, 81
Ação declaratória, 86
Peça de contestação, 89
Exceção de incompetência relativa em razão do lugar, 97
Exceção de suspeição ou impedimento, 99

Peça de recurso ordinário, 100
Razões de recurso ordinário, 102
Contrarrazões de recurso ordinário, 107
Recurso de revista, 113
Razões do recurso de revista, 116
Agravo de instrumento, 121
Razões de agravo de instrumento, 123
Embargos de divergência, 125
Razões de embargos de divergência, 126
Contrarrazões de embargos de divergência, 129
Embargos infringentes, 131
Razões de Embargos Infringentes, 132
Agravo Regimental, 133
Razões do Agravo Regimental, 134
Recurso Extraordinário, 135
Razões do Recurso Extraordinário, 136
Pedido de Revisão, 138
Razões do pedido de revisão, 139
Ação de consignação em pagamento, 140
Reclamação Correicional, 142
Execução de Título Executivo Extrajudicial, 144
Ação cautelar Inominada, 146
Exceção de préexecutividade, 148
Embargos a execução, 149
Embargos de terceiro, 151
Impugnação à sentença de Liquidação, 153
Agravo de Petição, 155
Recurso de Revista, 158
Razões do Recurso de Revista, 159

Apresentação

O presente trabalho visa mostrar ao aluno, principalmente o de 2ª fase, como funcionam as elaborações das peças de direito processual do trabalho.

Eu apresento o esqueleto de cada peça e na maioria das vezes um modelo pronto bem elaborado com conteúdo para que o candidato ao exame da 1ª ordem possa verificar como é feita uma peça trabalhista.

O importante da peça é identificar qual é a mesma. Seu endereçamento, seu pedido (ou para defender ou para pedir algo que pode ser processual por exemplo pedido de efeito suspensivo a recurso ou nulidade processual ou de direito material por exemplo dano moral, horas extras, etc.).

O que quero que saibam é que estamos juntos nesse barco e podem contar comigo que auxilio a todos.

Que Deus nos abençoe.

Grande abraço e bom curso a todos nós.

Prof. Gleibe Pretti.

Agradecimentos

Agradeço a Deus por tudo.

Quero deixar meu abraço a: Marcos Fernandes, Antônio Carlos Marcato, Valeska Sostenes, Fernando Nogueira, Elaine Cruz, Ellen Jardim, Fenícia, Mary e todos os alunos. Obrigado.

Um T ∴ F ∴ A ∴ aos meus irmãos da loja Acácia de V. Carrão, em especial ao Armindo.

Valeska:

Para o meu querido marido, minha mãe e os anjos que sempre estão comigo.

Gleibe:

Dedico a minha esposa e aos meus lindos filhos, os quais são o meu coração.

PROCURAÇÃO *AD JUDICIA*

OUTORGANTE: "nome", nacionalidade, estado civil, profissão, com R.G. nº, expedido pela SSP/ , na data de , sob CPF/MF nº, nascido aos dias, com CTPS nº e série, com PIS nº, nome da mãe, residente e domiciliado na rua, nº, bairro, cidade, Estado e CEP.

ou

"empresa", devidamente inscrita no CNPJ/MF nº, estabelecida na rua, nº, bairro, cidade, Estado e CEP, por seu representante legal, conforme atos constitutivos.

OUTORGADO: "nome do advogado", devidamente inscrito na OAB/ nº, com endereço profissional na rua, nº, bairro, cidade, Estado e CEP.

PODERES: O presente instrumento tem por objetivo assegurar a devida representação do Outorgante em juízo pelo Outorgado (1ª hipótese) na Reclamação Trabalhista que será proposta em uma das Varas do Trabalho de .....

(2ª hipótese) na resposta que será apresentada em audiência

em face de (empresa ou reclamante), principalmente nos seguintes poderes: representar, receber, dar quitação total e parcial, retirar alvarás, impetrar remédios constitucionais, interpor recursos, substabelecer e demais atos pertinentes ao processo.

PRAZO: O presente instrumento tem uma validade de até dois anos após o trânsito em julgado da presente ação.

Local e data.

_____(assinatura do outorgante)
nome do outorgante

CONTRATO DE HONORÁRIOS ADVOCATÍCIOS

CONTRATANTE: (qualificação completa: pessoa física (11 itens) ou empresa).

CONTRATADO: (qualificação do advogado).

CLÁUSULA 1. O presente contrato traz regras no que tange à prestação de serviços advocatícios.

CLÁUSULA 2. É de responsabilidade do contratante o pagamento de custas, despesas processuais, perícias e demais serviços cobrados na Justiça.

CLÁUSULA 3. A representação dar-se-á até a última instância jurídica no país, sempre com autorização expressa do contratante.

CLÁUSULA 4. Pelo serviço prestado fica acordado entre as partes o valor de

(1ª hip) 30% sobre a decisão judicial ou acordo judicial ou extrajudicial.

(2ª hip) R$ que será pago da seguinte forma.

CLÁUSULA 5. Em caso de desistência ou renúncia por alguma das partes obrigatoriamente deverá ocorrer o aviso expresso com antecedência mínima de trinta dias.

CLÁUSULA 6. Em caso de conflito entre as partes fica eleito o foro da localidade da assinatura do contrato.

Local e data.

_____ (assinatura do contratante)
nome do contratante

_____ (assinatura do contratado)
nome do contratado

Testemunha 1 _____

Testemunha 2 _____

DECLARAÇÃO DE POBREZA

Declaro para os devidos fins que sou pobre na concepção da Lei 1.060/50, art. 14, e art. 790 § 3º da CLT.

Local e data.

_____ (assinatura do reclamante)

nome do reclamante

Esqueleto da Reclamação Trabalhista a ser processada pelo Rito Ordinário

Endereçamento completo: VT
    (pular 10 linhas)
Qualificação completa: 1 "A" (autor, 11 itens)
    2 Advogado
    3 vem propor RT a ser processada pelo Rito Ordinário com base no art. 840, § 1º da CLT, combinado com o art. 282 do CPC
    4 "B" (réu)

1. DA COMISSÃO DE CONCILIAÇÃO PRÉVIA
   1 Visa conciliar conflitos individuais do trabalho
   2 Arts. 625-d e ss da CLT, é uma faculdade
   3 Arts. 5º, inc XXXV e 114 da CF vem reclamante socorrer-se do Poder Judiciário

2. DA CONCESSÃO DA JUSTIÇA GRATUITA (se for o caso)

3. RESUMO DO CONTRATO DE TRABALHO (é a cópia do problema; ser sintético)

4. DA INTEGRAÇÃO DAS GORJETAS NA REMUNERAÇÃO (exemplificativo) fato + fundamento + conclusão

5. PEDIDO
   requerer a procedência nos seguintes termos:
   5.1 A condenação da reclamada....(pedidos feitos anteriormente)
   5.2 Condenada ao pagamento das custas
   5.3 ... expedidos ofícios....
   Os valores serão devidamente apurados na fase de liquidação.

6. REQUERIMENTOS FINAIS
   A reclamada seja notificada para apresentar defesa
   Declarada sua revelia
   Aplicada a pena de confissão
   Alega provar os fatos...
   Dá-se à causa o valor de R$ (valor por extenso).

Nestes termos,
Pede deferimento.
Local e data.

Nome, assinatura e OAB do advogado.

… **Reclamação Trabalhista a ser processada pelo Rito Ordinário**

Excelentíssimo Senhor Doutor Juiz do Trabalho da ___ª Vara do Trabalho de _____.

(qualificação completa)
"A", nacionalidade, estado civil, profissão, com R.G. nº, expedido pela SSP/   , na data de   , com CPF/MF nº, nascido aos dias   , com CTPS nº e série, PIS nº, nome da mãe, residente e domiciliado na rua, nº, bairro, cidade, Estado e CEP, por seu advogado que esta subscreve, com endereço profissional na rua, nº, bairro, cidade, Estado e CEP, onde deverá receber as intimações (procuração em anexo), vem respeitosamente à presença de Vossa Excelência, propor:

Reclamação Trabalhista a ser processada pelo Rito Ordinário

com base no art. 840, § 1º da CLT, combinado com o art. 282 do CPC, em face de "B", devidamente inscrito no CNPJ/MF, estabelecida na rua, nº, bairro, cidade, Estado e CEP, consubstanciado nos motivos de fato e de direito a seguir expostos:

1. DA COMISSÃO DE CONCILIAÇÃO PRÉVIA

A Comissão de Conciliação Prévia é um instituto que visa conciliar os conflitos individuais do trabalho. Conforme se depreende dos arts. 625-d e seguintes, trata-se de uma faculdade a sua utilização pelo empregado. Desta forma, respaldado nos arts. 5º, inciso XXXV e 114 da Constituição Federal, o reclamante vem pela presente socorrer-se da Justiça do Trabalho para que este Douto Juízo resolva o conflito a seguir apresentado.

2. DA CONCESSÃO DA JUSTIÇA GRATUITA (se for o caso)

O Poder Judiciário é de livre acesso para qualquer cidadão, e diante da dificuldade financeira que se encontra o reclamante, requer a concessão da Justiça Gratuita a seu favor.
Corroborando com este entendimento a Lei 1.060/50, em seu art. 14, combinado com o art. 790, § 3º da CLT, atestam o referido direito.
Conforme declaração de pobreza em anexo, requer-se o referido benefício.

3. RESUMO DO CONTRATO DE TRABALHO (é a cópia do problema; ser sintético)

4. DA INTEGRAÇÃO DAS GORJETAS NA REMUNERAÇÃO (exemplificativo)

Fato .... enunciado do problema

Fundamento.....
                   CF
        Lei: CLT + (Explicação do aluno)
                  Especiais
                  Súmula
      + complemento: Jurisprud + (Explicação do aluno)
                  Doutrina

Conclusão: Por fim, (diante do exposto, à vista do exposto ....), requer a condenação da reclamada ao pagamento das diferenças salariais com seus devidos reflexos diante da integração das gorjetas.

5. PEDIDO

Diante do exposto é a presente para requerer a procedência da ação nos seguintes termos:
5.1 - A condenação da reclamada ao pagamento das diferenças salariais com seus devidos reflexos diante da integração das gorjetas; (repetir os pedidos)

5.2 - Que a reclamada seja condenada ao pagamento das custas;
5.3 - Que sejam expedidos ofícios aos órgãos competentes, a critério deste Douto Juízo.

Os valores serão devidamente apurados na fase de liquidação.

6. REQUERIMENTOS FINAIS

Requer-se, ainda, que a reclamada seja notificada para que querendo apresente sua defesa em audiência e, caso não a faça, que seja declarada sua revelia e lhe seja aplicada a pena de confissão.

Alega provar os fatos por todos os meios de prova admitidos no Direito.

Dá-se à causa o valor de R$　　　(valor por extenso).

Nestes termos,
Pede deferimento.
Local e data.

Nome, assinatura e OAB do advogado.

Peça: Reclamação Trabalhista a ser processada pelo Rito de Alçada

Endereçamento: Vara do Trabalho

(pular 10 linhas)

Qualificação completa: 1 "A" (autor, 11 itens)
2 por seu advogado que esta subscreve (proc. em anexo)
3 vem propor RT a ser processada pelo Rito de Alçada com base nos arts. 840, § 1º da CLT, combinado com o art. 282 do CPC e lei 5.584/70, art. 2º
4 "B" (empresa: qualificação completa: CNPJ + endereço)

1. DA COMISSÃO DE CONCILIAÇÃO PRÉVIA
   1 Visa conciliar conflitos individuais do trabalho
   2 Arts. 625-d e seguintes da CLT, é uma faculdade
   3 Arts. 5º, inc XXXV e 114 da CF vem reclamante socorrer-se do Poder Judiciário

2. DA CONCESSÃO DA JUSTIÇA GRATUITA (se for o caso)

3. RESUMO DO CONTRATO DE TRABALHO (é a cópia do problema; ser sintético)
   (se fosse Ação de Cobrança: usar Resumo dos Fatos)

4. DO CABIMENTO DA PRESENTE PEÇA (se limita ao aspecto processual) (item nem sempre pertinente a todas as peças, usar nas mais curtas)

Fato: Diante dos fatos que serão narrados a presente Reclamação Trabalhista é o meio processual que a reclamante detém para pleitear os seus direitos.

Fundamento: Em que pese toda a discussão doutrinária acerca do cabimento deste rito, a Lei 5.584/70, art. 2º, não foi revogado expressamente pelo art. 852-A da CLT.

Diante do argumento acima narrado o doutrinador, ..., em sua obra........, aduz:

Conclusão: Por fim, a presente reclamação preenche os requisitos da petição inicial e diante de sua admissibilidade perante este Douto Juízo, requer a condenação da reclamada conforme abaixo será demonstrado.

5. DO AVISO PRÉVIO DEVIDO AO RECLAMANTE (exemplificativo)
Fato + Fundamento + Conclusão (*deve-se apontar o valor*)

6. PEDIDO (= da RT, tradicionais: procedência + custas + expedição ofícios)

7. REQUERIMENTOS FINAIS (= da RT, tradicionais: notificada + resposta + revelia + confissão + provas + valor da causa)

Nestes termos,
Pede deferimento.
Local e data.

Nome, assinatura e OAB do advogado.

Peça: Reclamação Trabalhista com Liminar (natureza cautelar; necessário requisitos FBI + PM)

Endereçamento: Vara do Trabalho
(pular 10 linhas)

Distribuição com urgência.   (canto esquerdo, antes da qualif., usar
Liminar.   nas tutelas de urgência em geral)

Qualificação completa: 1 "A" (autor, 11 itens)
2 Por seu advogado que esta subscreve (proc. em anexo)
3 Vem propor RT com pedido de liminar a ser processada pelo Rito Ordinário com base nos arts. 840, § 1º da CLT, combinado com o art. 282 do CPC e art. 659, alínea "a" ou "b" da CLT
4 "B" (empresa: qualif. completa: CNPJ + endereço)

1. DA CONCESSÃO DA JUSTIÇA GRATUITA (se for o caso)

2. RESUMO DO CONTRATO DE TRABALHO
   DO CABIMENTO DA PRESENTE AÇÃO (optativo)

3. DA GARANTIA PROVISÓRIA DE EMPREGO CONCEDIDA AO RECLAMANTE (limitar-se ao direito material; evitar termo estabilidade, só usado para decenal)

Fato: ....reclamante foi eleito por seus pares

Fundamento: arts. 8º, VIII CF + 543 CLT + súmulas

Conclusão: Desta forma, diante dos fatos narrados e da fundamentação exposta, fica evidenciada a este Douto Juízo a garantia provisória de emprego do reclamante diante de sua vitória nas eleições sindicais.
    Ocorre que o reclamante foi dispensado sem justa causa, devendo ser reintegrado e ainda receber os valores devidos durante o seu afastamento, através da concessão de uma liminar conforme será descrita.

4. DA CONCESSÃO DA LIMINAR REINTEGRANDO O RECLAMANTE E, AINDA, CONDENANDO A RECLAMADA NO PAGAMENTO DAS VANTAGENS DURANTE O AFASTAMENTO (limitar-se ao direito material)

Fato: ...trata-se de dirigente sindical e não poderia ser dispensado...
Fundamento art. 659, X, CLT + Jurisprudência, Súmula

Trata-se de uma ação a presente peça com pedido de liminar (natureza cautelar) e, conforme doutrina já dominante, esta peça requer alguns requisitos especiais.

O *fumus bonni iuris* é o direito do reclamante em manter-se garantido no emprego, pois foi escolhido entre seus pares.

Complementando os requisitos da cautelar, o *periculum in mora* é a necessidade do provimento urgente do poder judiciário, pois caso não seja concedida a liminar a categoria ficará sem representação.

Conclusão: Diante do arrazoado requer a concessão da liminar reintegrando o reclamante na função anteriormente exercida e, ainda, a condenação da reclamada ao pagamento das vantagens do seu afastamento, sem prejuízo do seu contrato de trabalho.

5. PEDIDO (= da RT, tradicionais: procedência + custas + expedição ofícios)

6. REQUERIMENTOS FINAIS (= da RT, tradicionais: notificada + revelia + respostas + confissão + provas + valor da causa)

Nestes termos,
Pede deferimento.
Local e data.

Nome, assinatura e OAB do advogado.

Peça: Reclamação Trabalhista com Tutela Antecipada
(p/ obrigações de dar dinheiro, de pagar; sempre estará ligada com questão pecuniária em que ocorra obrigatoriamente a confissão)

Endereçamento: Vara do Trabalho

(pular 10 linhas)

Distribuição com urgência.   (canto esquerdo, antes da qualif., usar
Tutela Antecipada.   nas tutelas de urgência em geral)

Qualificação completa: 1 "A" (autor, 11 itens)
2 por seu advogado que esta subscreve (proc. em anexo)
3 vem propor RT com pedido de tutela antecipada a ser processada pelo Rito Ordinário com base nos arts. 840, § 1º da CLT, combinado com os arts. 282 e 273 CPC
4 em face de "B"...

1. RESUMO DO CONTRATO DE TRABALHO

2. DA CONCESSÃO DA TUTELA ANTECIPADA EM FAVOR DO RECLAMANTE (ex.: imaginando que é uma dívida confessada)

Fato: ...empresa confessa o débito.

Fundamento: É cediço afirmar que o reclamante laborou na empresa ora reclamada e que faz jus ao pagamento dos salários em atraso (prova inequívoca).
Diante dessa situação emergencial, os fatos narrados nesta reclamação são verdadeiros. Desta forma preenchendo os requisitos da verossimilhança da alegação conforme será provado nos autos (verossimilhança).
Para elucidar este Douto Juízo, cumpre ressaltar que caso a tutela seja concedida, poderá ser revertida a qualquer tempo sem causar prejuízo a qualquer uma das partes (reversibilidade).
(súmula não se tem, achará boas doutrinas)

Conclusão: Para não nos delongarmos em demasia, requer a concessão da tutela antecipada pleiteando o direito inerente ao reclamante ao recebimento de .... e, caso ocorra a desobediência por parte da reclamada, que este Douto Juízo arbitre um valor condizente com a realidade ora apresentada.

3. DO PEDIDO   (tradicional = RT)

4. REQUERIMENTOS FINAIS   (tradicional = RT)

Nestes termos,
Pede deferimento.
Local e data.

Nome, assinatura e OAB do advogado.

EXCELENTÍSSIMO SENHOR DOUTOR JUIZ DO TRABALHO DA ___ª VARA DO TRABALHO DE _____

DISTRIBUIÇÃO DE URGÊNCIA
LIMINAR E TUTELA ANTECIPADA

"A", nacionalidade, estado civil, profissão, RG nº _____, CPF/MF nº _____, PIS nº _____, CTPS nº _____série _____, nascido em ___/___/_____, nome da mãe, residente e domiciliado na Rua _____, nº _____, Bairro _____, Cidade _____, Estado _____ e CEP ____, por seu advogado que esta subscreve com endereço profissional na Rua _____, nº _____, Bairro _____, Cidade _____, Estado _____ e CEP, onde deverão ser encaminhadas as devidas intimações (procuração em anexo), vem, respeitosamente à presença de Vossa excelência propor:

RECLAMAÇÃO TRABALHISTA COM PEDIDO
DE LIMINAR E TUTELA ANTECIPADA

a ser processada pelo rito ordinário, com base nos arts. 840, § 1º, art. 659, inciso X da CLT combinados com os arts. 273 e 282 do CPC, em face de

"B", inscrita com CNPJ/MF nº _____, estabelecida na Rua _____, nº _____, Bairro _____, Cidade _____, Estado _____ e CEP _____, pelos fatos e fundamentos a seguir expostos:

1. DOS FATOS

O reclamante trabalhou para a reclamada e foi eleito dirigente sindical, sendo dispensado sem justa causa no último dia de seu mandato e recusou-se a receber qualquer verba rescisória. Além das verbas rescisórias que fazia jus não percebia salário a dois meses, dívida esta admitida pela reclamada.

2. DA GARANTIA DE EMPREGO

O reclamante foi eleito dirigente sindical por seus pares em __/__/__, portanto gozava de garantia de emprego na data de sua dispensa sem justa causa por conta da reclamada.

O obreiro foi eleito dirigente sindical pelos seus pares e assim sendo tem legitimidade para representá-los. Ocorre que foi dispensado sem justa causa, porém é detentor de garantia provisória de emprego conforme será apontado abaixo.

Nesta linha de raciocínio o art. 8º, inciso VIII da Constituição Federal assegura a garantia de emprego do reclamante por ter sido eleito. Corroborando com este entendimento a CLT em seu art. 543, § 3º impõe a mesma ordem da Constituição Federal.

As normas supracitadas não deixam dúvidas acerca do direito do reclamante à garantia provisória de emprego.

Para elucidar este Douto Juízo o dirigente sindical só pode ser demitido se cometer falta grave devidamente comprovada através de inquérito conforme Súmula 197 do Egrégio Supremo Tribunal Federal. Situação esta que não foi respeitada pela reclamada.

Desta forma fica demonstrada a garantia provisória de emprego do reclamante devendo o mesmo ser reintegrado conforme o pedido abaixo.

3. DA CONCESSÃO DA LIMINAR REINTEGRANDO O RECLAMANTE ALÉM DE RECEBER O PAGAMENTO DAS VERBAS DURANTE SEU PERÍODO DE AFASTAMENTO

O reclamante foi dispensado sem justa causa tendo a devida garantia de emprego conforme acima descrito.

Neste contexto o art. 659, inciso da CLT impõe a regra em que poderá ser concedida a liminar no presente caso.

A presente reclamação tem o caráter processual, necessariamente de cautelar e sendo assim para a concessão da liminar é obrigatório o apontamento do *fumus boni iuris* e do *periculum in mora*.

O *fumus boni iuris* está demonstrado nas legislações acima expostas, ou seja, o reclamante é garantido no emprego e não poderia ser dispensado imotivadamente.

Já o *periculum in mora* é a necessidade da tutela de urgência por parte deste Douto Juízo, pois se houver a demora o mandato do reclamante irá vencer.

Concluindo, requer a concessão da liminar diante dos preenchimentos já demonstrados *inaudita altera parts*, reintegrando o reclamante além do pagamento referente o período de seu afastamento.

4. DA TUTELA ANTECIPADA

A reclamada admitiu sua dívida com o reclamante referente aos dois meses de salário em atraso.

Neste contexto o art. 458 da CLT preceitua a obrigatoriedade por parte da reclamada de pagar os salários ao obreiro.

Requer deste Douto Juízo a concessão da Tutela Antecipada nos moldes do art. 273 do CPC, utilizado subsidiariamente conforme art. 769 do CLT com o objetivo de antecipar os efeitos da sentença que nada mais é que o pagamento dos salários em atraso pela reclamada.

Ocorre que para a concessão da Tutela é imprescindível o preenchimento de alguns requisitos, tais como:

a) A prova inequívoca está demonstrada na relação de emprego ocorrida entre as partes e o não pagamento dos salários.

Neste contexto a verossimilhança da alegação fica evidente diante da prestação do serviço e a falta do comprovante de pagamento dos salários, ou seja, os fatos são verdadeiros conforme provado documentalmente e ainda testemunhalmente em audiência.

Nobre Julgador, uma vez concedida a Tutela Antecipada caso esta seja revogada por Vossa Excelência não trará prejuízo a reclamada diante de seu poder econômico.

Por fim, requer a concessão da Tutela Antecipada ordenando que a reclamada pague imediatamente os salários devidamente corrigidos.

5. DO PEDIDO

Diante do exposto requer a procedência da ação, nos seguintes termos:

5.1 – Requer a concessão da liminar reintegrando o reclamante com o pagamento dos salários durante o período de seu afastamento.

5.2 – Requer a concessão da tutela antecipada ordenando o pagamento imediato dos salários em atraso devidamente corrigidos.

6. REQUERIMENTOS FINAIS

Por fim, requer deste Douto Juízo a notificação da reclamada para que apresente suas respostas no prazo legal e caso não o faça, que seja declarada sua revelia e aplicada a pena de confissão.

Requer ainda a condenação da reclamada ao pagamento das custas.

Alega provar os fatos por todos os meios de prova admitidas no Direito, principalmente documental, testemunhal, depoimento pessoal das partes, perícia e outras a critério de Vossa Excelência.

Dá à causa o valor de R$ _____.

Nestes termos,
Pede deferimento.
Local e data.

Nome, assinatura e OAB do advogado.

EXCELENTÍSSIMO SENHOR DOUTOR JUIZ DO TRABALHO DA __ª VARA DO TRABALHO DE _____

Nome, nacionalidade, profissão, estado civil, com RG nº, expedido pela SSP/__, com CPF/MF nº, nascido aos __/__/__, com CTPS nº e série, com PIS nº, nome da mãe, residente e domiciliado na rua, nº, bairro, cidade, Estado, CEP, vem por seu advogado que esta subscreve, com endereço profissional na rua, nº, bairro, cidade, Estado, CEP, onde deverá receber suas intimações (procuração em anexo aos autos), vem respeitosamente a presença de Vossa Excelência, propor:

RECLAMAÇÃO TRABALHISTA COM PEDIDO DE TUTELA ESPECÍFICA

a ser processada pelo rito ordinário, com base no art. 840, § 1º da CLT cominado com o art. 282 do CPC, em face da empresa, devidamente inscrita no CNPJ/MF nº, estabelecida na rua, nº, bairro, cidade, Estado, CEP, pelos fatos e fundamentos a seguir expostos:

1.- RESUMO DO CONTRATO DE TRABALHO

A reclamante, gestante, foi dispensada sem justa causa, recusando-se a receber as verbas rescisórias.

2. DA CONCESSÃO DA JUSTIÇA GRATUITA

Requer a este Douto Juízo a concessão da Justiça Gratuita, conforme declaração de pobreza que segue em anexo, amparado pelo art. 790, § 3º da CLT, que assegura a referida isenção.

Dessa forma, requer a isenção do pagamento das custas em face do não prejuízo da reclamada em detrimento do seu sustento.

3. DA GARANTIA DE EMPREGO PROVISÓRIO PARA A RECLAMANTE

Trata-se de uma empregada gestante que foi demitida sem justa causa. A CF no seu art. 7º, I expressa que:

"Art. 7º São direitos dos trabalhadores (...) I – relação de emprego protegida contra despedida arbitrária ou sem justa causa (...)"

Já o art. 10, II, alínea "b" da ADCT assegura o efetivo emprego da gestante, desde a confirmação da gravidez até cinco meses após o parto.

Dessa forma, a gestante possui a garantia de permanecer no emprego, pelo tempo ora citado, sem ser dispensada sem justa causa.

Na mesma linha de raciocínio, Amauri Mascaro Nascimento conceitua a garantia de emprego relatando que:

"Estabilidade é o direito de não ser despedido. É a garantia de ficar no emprego, perdendo-o unicamente se houver uma causa que justifique a dispensa indicada por lei. Funda-se, portanto, no princípio da causalidade da dispensa. Destina-se a impedir a dispensa imotivada, arbitrária, abusiva".

Assim, a reclamante só poderia ser dispensada da prestação de seus serviços, caso houvesse uma justa causa para tal, apurada através de um procedimento disciplinar.

Por fim, requer a reintegração da reclamante para voltar a desempenhar suas funções anteriores.

4. DA CONCESSÃO DA TUTELA ESPECÍFICA

Trata-se de uma obrigação de fazer, pois a reclamante deverá ser reintegrada.

O art. 461, do CPC, dispõe que o juiz poderá conceder a tutela específica, na ação que tenha por objeto uma obrigação de fazer, garantindo o resultado prático ao do inadimplemento.

Assim, uma vez provada que a reclamante possuía a garantia de emprego, ao ser demitida sem justa causa, terá direito a sua reintegração através da concessão da tutela específica.

No mesmo entendimento, Sérgio Pinto Martins, expressa que:

"Quando se verificar que o empregado não cometeu a falta grave, o empregador deve readmiti-lo no serviço (...)".

Para a concessão da tutela específica é imprescindível o preenchimento de dois requisitos: o *fumus boni iuris* que fica caracterizado no artigo anteriormente citado e o *periculum in mora* que é a rápida prestação da justiça, que fica caracterizado na real urgência de reintegração no emprego da reclamada.

Por fim, requer a concessão da tutela específica, reintegrando a reclamante nas suas funções anteriores, com os devidos pagamentos do período em que esteve afastada dos seus serviços.

5. DO PEDIDO

Diante do exposto é a presente para requerer a procedência da ação nos seguintes termos:

5.1 - A Concessão da Justiça Gratuita.

5.2 - A garantia de emprego provisório para a reclamante.

5.3 - A concessão da Tutela Específica reintegrando a reclamante nas suas funções anteriores, com os devidos pagamentos do período em que esteve afastada dos seus serviços.

6. REQUERIMENTOS FINAIS

Requer a notificação da reclamada para apresentar suas respostas no prazo legal, e não as fazendo que seja decretada sua revelia, com pena de confissão.

Requer que sejam expedidos os ofícios pertinentes aos órgãos cabíveis a critério de Vossa Excelência.

Requer que o reclamado seja condenado ao pagamento das custas processuais.

Requer o pagamento da multa, conforme art. 467, da CLT.

Alega provar os fatos por todos os meios de prova admitidos no Direito.

Dá a causa o valor de R$ (valor por extenso).

Nestes termos,
Pede deferimento.
Local e data.

Nome, assinatura e OAB do advogado.

Peça: Reclamação Trabalhista a ser processada pelo Rito Sumaríssimo (necessário que seja fornecido data de admissão e demissão, o valor do salário. O pedido são as verbas rescisórias)

Endereçamento: Vara do Trabalho

(pular 10 linhas)

Qualificação completa: 1 "A" (autor, 11 itens)
2 por seu advogado que esta subscreve (proc. em anexo)
3 vem propor RT ser processada pelo Rito Sumaríssimo com base nos arts. 840, § 1º, e 852-A da CLT, combinado com o art. 282 do CPC
4 em face de "B"...

1. DA COMISSÃO DE CONCILIAÇÃO PRÉVIA

1 visa conciliar conflitos individuais do trabalho
2 arts. 625-d e ss da CLT, é uma faculdade
3 arts. 5º, inc XXXV e 114 da CF vem reclamante socorrer-se do Poder Judiciário

2. RESUMO DO CONTRATO DE TRABALHO (enunciado: foi dispensado sem justa causa e nada recebeu)

3. DAS VERBAS RESCISÓRIAS DEVIDAS AO RECLAMANTE

Fato: ....

Fundamento: arts. 7º, I CF + 477 da CLT

Conclusão: Desta forma requer a condenação da reclamada ao pagamento das seguintes verbas: saldo de salário, 13º salário, férias vencidas e proporcionais com um terço, aviso prévio, guias do fundo de garantia com multa de 40%, além da multa do art. 447, § 8º.

4. DO CABIMENTO DA RECLAMAÇÃO TRABALHISTA PELO RITO SUMARÍSSIMO

Fato: ... para causas até 40 s. m. se busca este rito.
Fundamento: 852–A
Conclusão: É o rito cabível para o caso apresentado.

5. PEDIDO

Diante do exposto se requer a procedência da ação nos seguintes termos:

5.1 saldo de salário................................... R$
5.2 13º salário... R$
5.3 férias vencidas + 1/3. .... R$
5.4 férias proporcionais + 1/3.................. R$
5.5 aviso prévio.. R$
5.6 guias do fundo de garantia + 40%...... R$
5.7 multa do art. 447, § 8º....................... R$
TOTAL:.. R$
5.8 multa do art. 467 da CLT + 50%......... R$
5.9 guias do seguro desemprego
5.10 TRCT cód 01

6. REQUERIMENTOS FINAIS (tradicionais)

Dá-se à causa o valor de R$................... .

Nestes termos,
Pede deferimento.
Local e data.

Nome, assinatura e OAB do advogado.

EXCELENTÍSSIMO SENHOR DOUTOR JUIZ DO TRABALHO DA MERITÍSSIMA _ª VARA DO TRABALHO DE __

"A", nacionalidade, estado civil, ajudante geral, residente e domiciliado à rua, nº, bairro, cidade, Estado, CEP, portador do RG nº, órgão emissor, data de emissão, do CPF/MF nº, da CTPS nº e série, do PIS nº, nascido em _/_/_, sendo sua mãe; por meio de seu procurador judicial que ao final subscreve (com procuração em anexo), este com endereço à rua, nº, bairro, cidade, Estado, CEP, onde deverá receber as futuras notificações, vem, perante Vossa Excelência, com o devido respeito, propor a presente

RECLAMAÇÃO TRABALHISTA

A ser processada pelo rito sumaríssimo, com base nos arts. 840, § 1º e 852-A e seguintes da CLT em face de

"B", empresa devidamente inscrita no CNPJ/MF sob o nº, com endereço à rua, nº, bairro, cidade, Estado, CEP, por meio de seu representante, sr., pelos fundamentos de fato e direito que passa a arguir.

1. RESUMO DO CONTRATO DE TRABALHO

O reclamante laborou para a empresa reclamada no período de 05.02.2006 a 05.05.2007, quando foi imotivadamente dispensado. Ocorre que não recebeu quaisquer das verbas a que tem direito.

2. DA COMISSÃO DE CONCILIAÇÃO PRÉVIA

Tendo em vista ser o entendimento doutrinário e jurisprudencial majoritário que a submissão dos conflitos trabalhistas à comissão de conciliação prévia, prevista na CLT em seus arts. 625-A e seguintes, é uma faculdade do trabalhador, vem o reclamante a este juízo para buscar a solução de seu conflito.

33

3. DAS VERBAS RESCISÓRIAS DEVIDAS AO RECLAMANTE

Conforme exposto, o reclamante foi dispensado pela reclamada sem justa causa, e, ao contrário do que determina a lei, esta não lhe pagou as verbas devidas no prazo determinado também pela lei.

O contrato de trabalho é protegido pela própria Constituição Federal, que em seu art. 7º, I, determina ser devida indenização ao trabalhador quando imotivadamente dispensado. No inciso XXI do mesmo artigo constitucional, foi também garantido ao trabalhador o período de no mínimo 30 dias de aviso prévio à demissão, sendo que a CLT, em seu art. 487, § 1º, estabelece que o empregado que for dispensado de trabalhar durante este período deverá receber o valor do salário correspondente.

A doutrina é pacífica quanto aos direitos do empregado dispensado sem justa causa, o que se pode extrair da lição do doutrinador Sérgio Pinto Martins:

> "O empregador pode dispensar o empregado sem justa causa, cessando assim, o contrato de trabalho. Para tanto, porém, deverá pagar as reparações econômicas pertinentes".

E assim prossegue, enumerando a quais verbas fazem jus tal empregado:

> "Terá direito o empregado a aviso prévio, salário proporcional, férias vencidas e proporcionais, saldo de salários, saque do FGTS, indenização de 40% e direito ao seguro-desemprego". (*Direito do Trabalho*, São Paulo: Atlas, 2004, p. 639.)

Ressalta-se que o reclamante laborou até o dia 05.05.2007, não havendo saldo de salário a receber.

No tocante ao prazo para o pagamento do valor devido, a CLT estabelece em seu art. 477, § 6º, que as referidas verbas deverão ser pagas em até dez dias úteis quando dispensado o cumprimento do aviso prévio, cominando, em seu § 8º, multa equivalente a um salário do trabalhador em caso de descumprimento desta determinação. Ora, este é o caso do reclamante que até a presente data não recebeu qualquer valor, pelo que também faz jus ao recebimento da referida multa.

Requer, portanto, seja julgada totalmente procedente a presente reclamação trabalhista, sendo a reclamada condenada ao pagamento de todas as verbas a que tem direito o reclamante, conforme valores que a seguir se especificará em atendimento ao disposto no art. 852-B da CLT.

4. DOS PEDIDOS

Ante o exposto, requer a procedência da reclamação com a condenação da reclamada ao pagamento das seguintes verbas:

4.1 Aviso prévio..R$680,00
4.2 13º salário proporcional a 5/12..............R$280,00
4.3 Férias vencidas com 1/3 constitucional.................R$906,00
4.4 Férias proporcionais a 5/12 com 1/3 constitucional..R$373,00
4.5 FGTS depositado com multa de 40%....................R$1.344,00
4.6 Multa do art. 477, § 8º da CLT............................R$680,00
4.7 Guias de Seguro-desemprego
4.8 TOTAL..R$4.263,00

5. DOS REQUERIMENTOS FINAIS

Por fim, requer a notificação da reclamada para, querendo, apresentar suas respostas em audiência, e, não o fazendo, seja declarada sua revelia e aplicada pena de confissão ficta.

Requer também a condenação da reclamada ao pagamento das custas processuais.

Protesta pela produção de todos os meios de prova admitidos, sobretudo testemunhal e documental.

Dá à causa o valor de R$4.268,00 (quatro mil, duzentos e sessenta e oito reais).

Nestes termos,
Pede deferimento.
Local e data.

Nome, assinatura e OAB do advogado.

Peça: Reclamação Trabalhista com pedido de rescisão indireta

Excelentíssimo Senhor Doutor Juiz do Trabalho da Vara do Trabalho de

(pular 10 linhas)

Qualificação completa: 1 "A" (autor, 11 itens)
    2 por seu advogado que esta subscreve (proc. em anexo)
    3 vem propor RT com pedido de rescisão indireta a ser processada pelo Rito Ordinário com base nos arts. 840, § 1º, e 483 da CLT, combinado com o art. 282 do CPC
    4 em face de "B"...

1. RESUMO DO CONTRATO DE TRABALHO

2. DA JUSTA CAUSA COMETIDA PELA RECLAMADA

Fato: Reclamada cometeu..... (alguma falta, por ex.: ofensa à honra)

Fundamento: art. 483 alínea "..."

Conclusão: Pede que o contrato seja rescindido indiretamente através desta RT e que sejam pagas todas as verbas rescisórias, a saber: saldo de salário, 13º salário, férias vencidas e proporcionais com um terço, aviso prévio, guias do fundo de garantia com multa de 40%, além da multa do art. 447, § 8º. (= sumaríssimo, como se o empregado fosse mandado embora sem justa causa)

3. DO DANO MORAL

Fato: Que houve uma ofensa à honra....

Fundamento:
    3.1 Do Caráter Processual   (mostrar que a Justiça do Trabalho
    art. 114, VI da CF + Súmula 392 TST   é acompetente para julgar a causa)

3.2 Do Aspecto Material

Art. 5º, V e X da CF (dizer que se trata de Teoria Objetiva, ou seja, que o ônus da prova compete ao reclamado)

Caso Vossa Excelência entenda não tratar-se de Teoria Objetiva, será abordada a Teoria Subjetiva disposta no art. 186 do Código Civil, fazendo a Reclamante em audiência prova do dano moral pleiteado.

Conclusão do exposto, pleiteia-se a indenização pelo dano moral a ser arbitrada por este Douto Juízo (obs: aqui se pede a indenização, mas se for dano patrimonial, pede-se a reparação)

4. PEDIDO (tradicional = RT)

5. REQUERIMENTOS FINAIS (tradicional = RT)

Nestes termos,
Pede deferimento.
Local e data.

Nome, assinatura e OAB do advogado.

EXCELENTÍSSIMO SENHOR DOUTOR JUIZ DO TRABALHO DA _ª VARA DO TRABALHO DA CIDADE DE_____

(10 linhas)

Nome, nacionalidade, estado civil, profissão, nome da mãe, nascido em, inscrito no RG n°, com o CPF/MF n°, CTPS n° e série, PIS n°, residente e domiciliado na rua, n°, bairro, cidade, Estado, CEP, por meio de seu advogado infra-assinado, conforme procuração em anexo, com endereço profissional na rua, n°, bairro, cidade, Estado, CEP, vem respeitosamente perante a Vossa Excelência propor:

RESCISÃO INDIRETA DO CONTRATO DE TRABALHO

com base no art. 840, § 1° da CLT, C/C o art. 282 do CPC, em face da empresa, devidamente inscrita no CNPJ/MF n°, estabelecida na rua, n°, bairro, cidade, Estado e CEP, pelos fatos e fundamentos expostos a seguir.

1. RESUMO DOS FATOS

O Reclamante foi verbalmente agredido pela Reclamada, na pessoa de seu gerente, em plena reunião da empresa. Foi dito publicamente que o mesmo não era pessoa de confiança, causando grande constrangimento para o Reclamante, ofendendo sua honra.

2. DA JUSTA CAUSA COMETIDA PELA RECLAMADA

Como já mencionado anteriormente, a Reclamada, através de seu gerente, ofendendo o Reclamante durante reunião da empresa, apontando-o como pessoa não confiável.

Nos termos do art. 483, alínea "e" da CLT, a prática de ato lesivo à honra e à boa fama pelo empregador contra o empregado, gera direito ao pedido de rescisão indireta do contrato de trabalho. Portanto, de acordo com a legislação trabalhista, o ato cometido pela Reclamada constitui modalidade de justa causa do empregador. Para o doutrinador Sérgio Pinto Martins, em sua obra *Direito do Trabalho*, editora Atlas S.A., 22ª edição,

p. 369, essa hipótese caracteriza ato difamatório contra o empregado, o que autoriza a propositura de rescisão indireta na Justiça do Trabalho pelo mesmo.

Assim, diante da ofensa feita ao Reclamante pelo empregador, ora empresa Reclamada, e da impossibilidade de convivência harmônica entre as partes, a única solução plausível é o término do contrato de trabalho, com o pagamento de todas as verbas devidas ao Reclamante.

Ainda, uma vez que a Justiça do Trabalho é competente para dirimir controvérsias referentes a dano moral cometido em relação de trabalho, conforme Súmula 392 do TST e art. 114 da CF, requer também seja a Reclamada condenada ao pagamento de indenização pelos danos morais causados ao Reclamante.

Importante ressaltar que os valores serão devidamente apurados pelo juízo na fase de liquidação de sentença.

3. DOS PEDIDOS

Nesse sentido, requer seja julgada totalmente procedente a referida demanda de acordo com os termos abaixo:
3.1 Seja concedido o pedido de rescisão indireta por justa causa cometida pela empresa Reclamada
3.2 Que a Reclamada seja condenada ao pagamento das seguintes verbas rescisórias: saldo de salário, 13º proporcional, aviso prévio, férias proporcionais com 1/3, férias vencidas com 1/3, guias do FGTS com multa de 40%, guias do seguro-desemprego e, sendo o caso, multa de 1 salário pelo pagamento destas verbas em atraso, conforme texto do art. 477, § 8º da CLT.
3.3 Que a Reclamada seja condenada ao pagamento de indenização por danos morais, cujo valor será devidamente apurado por este Douto Juízo em fase de liquidação de sentença.

4. DOS REQUERIMENTOS FINAIS

Por fim, requer seja a Reclamada notificada para que ofereça respostas no prazo legal. Caso não o faça, seja declarada a revelia e aplicada a pena de confissão. Requer ainda seja condenada ao pagamento de todas as custas.

Alega provar os fatos por todos os meios de prova admitidos, principalmente prova documental, testemunhal, pericial, depoimento pessoal, e outros meios exigidos a critério de Vossa Excelência.

Dá-se à causa o valor de R$_____.

Nestes termos,
Pede deferimento.
Local e data.

Nome, assinatura e OAB do advogado.

Peça: Inquérito para apuração de falta grave (para rescindir contrato de trabalho de empregado estável quando este cometer falta grave descrita no art. 482 da CLT. Não usar termo "justa causa" para este caso, usar falta grave). Atenção para as partes: Requerente e Requerido.

Excelentíssimo Senhor Doutor Juiz do Trabalho da Vara do Trabalho de

(pular 10 linhas)

Qualificação completa: 1 Requerente (empresa)
                       2 por seu advogado que esta subscreve (proc. em anexo)
                       3 vem INSTAURAR Inquérito para Apuração de Falta Grave a ser processada pelo Rito Ordinário com base nos arts. 840, § 1º,e 853 da CLT, combinado com o art. 282 do CPC.
                       4 em face do Requerido (empregado, 11 itens)

1. RESUMO DOS FATOS (problema da OAB)
(obs: não tem CCP, pois o objetivo do IPAFG é rescindir o contrato de trabalho "com justa causa")

2. DA GARANTIA PROVISÓRIA DE EMPREGO DO REQUERIDO

Fato......

Fundamentação: Imaginando ser dirigente sindical: art. 8º, VIII CF + 543, § 3º CLT)

Conclusão: Que o requerido é garantido no emprego, porém deverá ser dispensado com justa causa por haver cometido falta grave conforme será demonstrado.

3. DA FALTA GRAVE COMETIDA PELO REQUERIDO

Fato: Expor o que houve...

Fundamento: Art. 482, alínea .... da CLT

Conclusão: Diante do exposto, requer-se a rescisão do contrato de trabalho com justa causa em decorrência da falta grave cometida pelo empregado e devidamente demonstrada nesta, restando devidos apenas o saldo de salário e as férias vencidas.

4. DANO MORAL (se houver, visto)

5. DANO PATRIMONIAL (se houver, base no CC)

6. PEDIDO   (tradicional)

7. REQUERIMENTOS FINAIS (tradicional)

Nestes termos,
Pede deferimento.
Local e data.

Nome, assinatura e OAB do advogado.

EXCELENTÍSSIMO SENHOR DOUTOR JUIZ DO TRABALHO DA ___ª VARA DO TRABALHO DE _____

B, com CNPJ/MF n.º, estabelecida à rua, n.º, bairro, cidade, Estado, CEP, por seu advogado que a esta subscreve, com endereço profissional à Rua, n.º, bairro, cidade, Estado, CEP, onde deverá receber as devidas intimações (procuração em anexo), vem respeitosamente à presença de Vossa Excelência instaurar:

INQUÉRITO PARA APURAÇÃO DE FALTA GRAVE

Com base nos arts. 840, § 1º, e 853 da CLT combinado com art. 282, do CPC em face de A, nacionalidade, estado civil, profissão, com RG n. º, expedido em / / , com CPF n.º, nascido aos / / , com CTPS n.º e série, n.º de PIS, nome da mãe, residente e domiciliado à rua, n.º, bairro, cidade, Estado, CEP, pelos fatos e fundamentos a seguir expostos.

1. RESUMO DOS FATOS

O requerido, dirigente sindical, foi surpreendido totalmente despido no arquivo geral da requerente, com uma revista pornográfica em mãos.

2. DA GARANTIA PROVISÓRIA DE EMPREGO DO REQUERIDO

O requerido foi eleito dirigente sindical por seus pares e detém garantia provisória de emprego para cumprir seu mandato.
Neste contexto o art. 8, inciso VIII da CF e o art. 543, § 3º da CLT impõem a garantia provisória do emprego do dirigente sindical eleito.
Por fim, apesar de ser o requerido garantido no emprego com o cometimento de falta grave apurada e comprovada, pode ser demi-

tido por justa causa. E é isto que esta vem demonstrar nos termos abaixo.

3. DA FALTA GRAVE COMETIDA PELO REQUERIDO

O requerido foi surpreendido no arquivo geral da requerente totalmente despido com uma revista pornográfica em mãos. Por este ato gravemente faltoso fica evidenciada a incontinência de conduta.

Nesta linha de raciocínio o art. 482, alínea b, deixa claro que a incontinência é falta grave que enseja a demissão por justa causa, mesmo que o requerido tenha a época de seu cometimento a garantia provisória de emprego.

Corroborando com este raciocínio o Professor Sérgio Pinto Martins, em sua obra *Direito do Trabalho*, 22ª edição, Editora Atlas, p. 357.

> "Por fim, requer que seja reconhecida por este Douto Juízo a falta grave cometida e que o contrato seja rescindido por justa causa, sendo devidos somente o saldo do salário e as férias vencidas."

4. DO PEDIDO

Diante do exposto requer a total procedência da ação, nos seguintes termos:

4.1 – Rescisão do contrato de trabalho por justa causa em decorrência de falta grave cometida pelo requerido.

4.2 – Consequentemente pagamento de saldo do salário e férias vencidas.

5. REQUERIMENTOS FINAIS

Requer ainda que o requerido seja notificado para apresentar no prazo legal suas respostas, e caso não o faça que seja decretada sua revelia, sob a pena de confissão. E que seja condenado a pagar as custas processuais.

Alega provar os fatos por todos os meios admitidos em Direito, principalmente por meio documental, testemunhal, pericial, por depoimento pessoal das partes e outras mais que Vossa Excelência entender necessárias.

Dá-se à causa o valor de R$

Nestes termos,
Pede deferimento.
Local e data.

Nome, assinatura e OAB do advogado.

ESQUELETO DA PEÇA: AÇÃO RESCISÓRIA

End:
Excelentíssimo Senhor Doutor Juiz Relator da Egrégia Seção de Dissídio Individual – II do Colendo Tribunal Regional do Trabalho da Região.
ou
Excelentíssimo Senhor Doutor Ministro Relator da Egrégia Seção de Dissídio Individual – II do Colendo Tribunal Superior do Trabalho.

(pular 10 linhas)

Qualificação completa: 1 Requerente
    2 advogado
    3 P R O P O R Ação Rescisória. arts. 836 da CLT c/c 282 e 485 do CPC
    4 requerido

1. RESUMO DA RESPEITÁVEL DECISÃO

2. DO CABIMENTO DA AÇÃO RESCISÓRIA

Fatos: decisão já transitada, cópias em anexo (da sentença e do trânsito em julgado)
Fundamentação: art. 836 CLT + depósito de 20%
Conclusão: requer apreciação dos pedidos formulados

3. DA CONCESSÃO DA TUTELA ANTECIPADA COM CARÁTER DE CAUTELAR QUE VISA SUSPENDER A EXECUÇÃO DEFINITIVA

Fato: Execução causará prejuízo e trabalho em vão do Poder Judiciário

Fundamento: Súmula 405 TST + natureza cautelar: mostrar *fumus boni iuris* + *periculum in mora*

Conclusão: Requer concessão tutela + suspensão execução

4. MOTIVOS QUE ENSEJAM QUE A DECISÃO SEJA RESCINDIDA COM NOVO JULGAMENTO

Fato: No problema

Fundamento: Com o art. 485 CLT

Conclusão: R. decisão seja rescindida e novo julgamento

5. PEDIDO

Concessão da tutela antecipada evitando a tutela definitiva.
Que seja rescindida a decisão e que ocorra um novo julgamento.

6. REQUERIMENTOS FINAIS

Não tem confissão nem revelia

Notificação para apresentar respostas no prazo de 15 a 30 dias determinado pelo Douto Juízo.

Custas

Provas

Dá-se à causa o valor de R$

Nestes termos,
Pede deferimento.
Local e data.

Nome, assinatura e OAB do advogado.

Peça: Ação Rescisória (não se discute fato, só se discute Direito. Ex.: sentença X texto legal: CLT, CF). Atenção para as partes: Requerente e Requerido

Excelentíssimo Senhor Doutor Juiz Relator da Egrégia Seção de Dissídio Individual – II do Colendo Tribunal Regional do Trabalho da Região.
ou
Excelentíssimo Senhor Doutor Ministro Relator da Egrégia Seção de Dissídio Individual – II do Colendo Tribunal Superior do Trabalho.

(pular 10 linhas)

Distribuição com urgência.
Tutela antecipada (aspecto cautelar).

Qualificação completa: 1 Requerente (empresa é mais comum, mas pode ser também empregado)
2 por seu advogado que esta subscreve (proc. em anexo)
3 vem P R O P O R Ação Rescisória a ser processada pelo Rito Ordinário com base nos arts. 836 da CLT combinado com os arts. 282 e 485 do CPC
4 em face do Requerido (empregado, 11 itens)

1. RESUMO DA RESPEITÁVEL DECISÃO (sentença, acórdão, acordo) DE FOLHAS (enunciado)
Foi proferida sentença que feriu artigos da CLT... (exemplificativo, art. 485 V, CPC)

2. DO CABIMENTO DA AÇÃO RESCISÓRIA (obrigatório)

Fato: Diante dos fatos supranarrados, por se tratar de uma decisão de mérito, já transitada em julgado, conforme cópias em anexo (da sentença e do trânsito em julgado), o único meio cabível para rescindir a decisão é a ação rescisória.

Fundamento: Nesse contexto, o art. 836 da CLT não deixa dúvidas acerca da aplicabilidade desta ação na justiça do trabalho.

Porém o artigo supracitado, em nova redação, exige a obrigatoriedade do depósito de 20% sobre a condenação, já recolhido conforme comprovante em anexo

Obs.: se empregado isento, o requerente por ser beneficiário da Justiça Gratuita fica isento do aludido pagamento (se questão não deixou clara, tem que pedir após se falar do depósito).

Conclusão: Desta forma, diante dos pressupostos da ação preenchidos, requer deste Douto Tribunal a apreciação dos pedidos formulados abaixo.

3. DA CONCESSÃO DA TUTELA ANTECIPADA COM CARÁTER DE CAUTELAR QUE VISA SUSPENDER A EXECUÇÃO DEFINITIVA

Fato: Diante do trânsito em julgado da demanda, o requerido, ou até mesmo o juiz de ofício poderá dar início à execução. Esse fato acarretaria prejuízo ao requerente, pois conforme já aludido, a decisão de mérito deverá ser rescindida, caso contrário se acarretará um prejuízo e trabalho em vão ao Poder Judiciário (pode-se ter a execução e não se quer isto).

Fundamento: Corroborando com este fato o Egrégio TST, através da Súmula 405, traz a possibilidade de tutela antecipada em ação rescisória. Porém, o pedido que será pleiteado tem caráter de medida cautelar pois o objetivo é evitar a execução (observar que professor não transcreve o artigo, só o cita e faz comentários).

Por se tratar de um aspecto processual específico de natureza cautelar serão abordados os requisitos do *fumus boni iuris* e do *periculum in mora*.

Nesse sentido, o *fumus boni iuris* está caracterizado na possibilidade de modificação da decisão conforme será demonstrado.

Ainda neste raciocínio, o *periculum in mora* é a necessidade do pronunciamento rápido do Poder Judiciário em que se evita maiores prejuízos para as partes.

Conclusão: Por fim requer-se a concessão da medida de urgência que deverá ser proferida por este Douto Juízo evitando-se a execução definitiva por parte do requerido.

4. DOS MOTIVOS QUE ENSEJAM QUE A DECISÃO SEJA RESCINDIDA COM NOVO JULGAMENTO

Fato: Foi proferida a respeitável decisão de folhas em que contém no seu corpo (exemplo) afronta a artigos da CLT.

Fundamentação: Nesse sentido, o art. 485, inciso V, do CPC, determina que caso ocorra afronta à lei, a ação rescisória é o meio cabível para rescindir tal decisão.

A respeitável decisão de folhas condenou o requerente ao pagamento de (exemplo) horas extras no valor de 50% com fundamento no art. _____. Ocorre que para a categoria do requerido aplica-se o art. _____ (deveria ser 100%). Ocorreu por parte do Douto Magistrado, *data maxima venia*, um equívoco, devendo ser tal decisão rescindida por este Emérito Tribunal.

Conclusão: Desta forma se requer que a respeitável decisão seja rescindida e que ocorra um novo julgamento.

5. PEDIDO (tradicional)

– concessão da tutela antecipada evitando a tutela definitiva;
– que seja rescindida a decisão e que ocorra um novo julgamento

6. REQUERIMENTOS FINAIS (tradicional)

NÃO pedir revelia nem confissão (não se fala nelas quando se discute Direito; como coisa julgada envolve questão de ordem pública, a revelia não produz confissão na ação rescisória)

Requer a notificação do requerido para que apresente as suas respostas no prazo de 15 a 30 dias a ser determinado por este Douto Juízo.

Custas

Provas

Dá-se à causa o valor de R$.

Nestes termos,
Pede deferimento.
Local e data.

Nome, assinatura e OAB do advogado.

EXCELENTÍSSIMO SENHOR DOUTOR JUIZ RELATOR DA EGRÉGIA SEÇÃO DE DISSÍDIO INDIVIDUAL – II DO COLENDO TRIBUNAL REGIONAL DO TRABALHO DA ____ª REGIÃO

B, devidamente inscrita sob o CNPJ/MF n.º, estabelecida à rua, n.º, bairro, cidade, Estado, CEP, por seu advogado que a esta subscreve, com endereço à rua, n.º, bairro, cidade, Estado, CEP (procuração em anexo), vem tempestivamente e respeitosamente à presença deste Douto Tribunal propor:

AÇÃO RESCISÓRIA

Com base nos arts. 836 da CLT e 845 do CPC, em face de uma r. decisão já transitada em julgado movida por A, devidamente inscrita sob o CNPJ/MF n.º, estabelecida à rua, n.º, bairro, cidade, Estado, CEP, pelos fatos e fundamentos a seguir expostos.

1. RESUMO DA DECISÃO JÁ TRANSITADA EM JULGADO.

Foi proferida uma sentença que determinava que a requerente pagasse 70% de adicional de hora extra à requerida, como determinava o acordo coletivo já vencido. Essa decisão já transitou em julgado e também já se iniciou a execução.

2. DO CABIMENTO DA AÇÃO RESCISÓRIA

Foi proferida a r. sentença de folhas   , que já transitou em julgado (conforme   documentos em anexo). A decisão contém vícios conforme ficará demonstrado.

Corroborando com este entendimento o art. 836 da CLT veio para pacificar o cabimento da Ação Rescisória na Justiça do Trabalho, no entanto este estipulou que a requerente deve efetuar um depósito de 20% sobre o valor da causa (comprovante em anexo).

Cumpre ressaltar a este Douto Tribunal que a ação está sendo proposta dentro do prazo decadencial de dois anos contados do trânsito em julgado da decisão.

Desta forma, preenchidos os requisitos requer deste Douto Juízo a apreciação dos pedidos abaixo.

3. DA CONCESSÃO DA LIMINAR PARA SUSPENDER A EXECUÇÃO

Com a propositura da ação rescisória poderá ser pleiteada a concessão de liminar para suspender a execução definitiva.

Permissão esta dada pela Súmula 405 do TST.

Diante do pedido que possui natureza cautelar fica demonstrado o *fumus boni iuris* na legislação que nos embasa e está citada acima, e o *periculum in mora*, na necessidade do pronunciamento rápido a fim de que não ocorra graves prejuízos a nenhuma das partes com a execução.

4. DOS MOTIVOS QUE A R. SENTENÇA DEVE SER RESCINDIDA

A sentença foi dada fixando conforme acordo coletivo 70% em adicional de hora extra. Acordo este já vencido e danoso a requerente por ser a percentagem muito mais alta do que os 50% que fixa o art. 59 da CLT.

Segundo o art. 485, inciso V do CPC se a decisão for contrária a lei, no caso a CLT, podemos pedir sua rescisão através de ação rescisória.

Desta forma requer que a decisão seja rescindida e que ocorra um novo julgamento.

5. DO PEDIDO

Diante do exposto requer a procedência da ação nos seguintes termos:
5.1 – Que seja rescindida a decisão e que ocorra um novo julgamento.
5.2 – Que seja concedida a liminar para que suspenda a execução definitiva.

6. REQUERIMENTOS FINAIS

Requer ainda que seja o requerido notificado para que apresente suas respostas no prazo de 15 a 30 dias, conforme o Douto Tribunal fixar.

E que seja condenado ao pagamento de custas.

Alega provar os fatos por todos os meios admitidos em Direito, principalmente por documentos, testemunhas, perícias e as demais que se fizerem necessárias.

Dá-se à causa o valor de R$.

Nestes termos,
Pede deferimento.
Local e data.

Nome, assinatura e OAB do advogado.

Peça: Ação Cominatória (para empregado que pede demissão, são depositados os valores em sua conta-corrente, porém ele não volta para homologar a rescisão do contrato; requerido pode apresentar contestação e reconvenção)

End: Vara do Trabalho

(pular 10 linhas)

Qualificação completa: 1 Requerente (empresa)
                                 2 advogado
                                 3 P R O P O R Ação Cominatória arts. 282 e 287 do CPC, ambos utilizados subsidiariamente conforme o art. 769 da CLT
                                 4 Requerido (empregado, com 11 itens)

1. RESUMO DOS FATOS

....pediu demissão e não retornou para homologar o contrato.

2. DO CABIMENTO DA PRESENTE AÇÃO COMINATÓRIA

    Art. 114 da CF + 287 CPC, ambos utilizados subsidiariamente conforme o art. 769 da CLT.

3. DA HOMOLOGAÇÃO DO CONTRATO NA JUSTIÇA DO TRABALHO

Fato + fundamentação: art. 287 do CPC

Conclusão: Requer desta forma a declaração judicial por parte deste Douto Juízo com objetivo de notificar o requerido para comparecer em audiência para devida rescisão do contrato e, caso não o faça, que o mesmo seja homologado por este juízo.

4. PEDIDO (tradicional)

      ......para comparecer .....caso de revelia, que rescinda o contrato...

5. REQUERIMENTOS FINAIS (tradicional)

Nestes termos,
Pede deferimento.
Local e data.

Nome, assinatura e OAB do advogado.

EXCELENTÍSSIMO SENHOR DOUTOR JUIZ DO TRABALHO DA __ VARA DO TRABALHO DA CIDADE DE_____

(10 linhas)

Nome da empresa, devidamente inscrita no CNPJ/MF n°, estabelecida na rua, n°, bairro, cidade, estado e CEP, por meio de seu advogado infra-assinado, conforme procuração em anexo, com endereço profissional na rua, n°, bairro, cidade, estado, CEP, vem respeitosamente perante a Vossa Excelência propor:

AÇÃO COMINATÓRIA

com base nos arts. 282 e 287 do CPC, em face do empregado, nome, nacionalidade, estado civil, profissão, nome da mãe, nascido em, inscrito no RG n°, com o CPF/MF n°, CTPS n° e série, PIS n°, residente e domiciliado na rua, n°, bairro, cidade, Estado, CEP, pelos fatos e fundamentos expostos a seguir.

1. RESUMO DOS FATOS

O Requerido, ora empregado da Requerente, pediu demissão e recebeu todas as verbas rescisórias em conta salário. No entanto, não compareceu para homologar o término do contrato de trabalho até a presente data.

2. DA HOMOLOGAÇÃO DA RESCISÃO DO CONTRATO DE TRABALHO

Em que pese o Requerido tenha pedido sua demissão da empresa Requerente e, recebido devidamente todas as verbas rescisórias, não compareceu para homologar o término do contrato.
Observando os arts. 7°, inciso I da Constituição Federal e 477 da CLT, é possível concluir que, no término do contrato de trabalho, além das verbas rescisórias que são devidas ao empregado, o ato da rescisão deve ser homologado, pelo simples fato de se tratar de um contrato.
Inclusive, o § 4° do art. 477 da CLT menciona que o pagamento das verbas devidas ao empregado deverá ser efetuado no ato da homologação

da rescisão do contrato. Ou seja, a homologação do término do contrato é também um direito do empregador.

No entanto, até a presente data, o Requerido não compareceu ao local da empresa para homologar a rescisão contratual. Assim sendo, requer deste Douto Juízo que seja declarada a rescisão contratual entre o Requerido e a Requerente.

3. DOS PEDIDOS

Diante de todo o exposto, requer a presente ação seja julgada totalmente procedente observando os seguintes termos:

3.1 Seja declarada a rescisão do contrato de trabalho firmado entre a Requerente e o Requerido.

4. DOS REQUERIMENTOS FINAIS

Por fim, requer seja o Requerido notificado para que ofereça respostas no prazo legal. Caso não o faça, seja declarada à revelia e aplicada a pena de confissão. Requer ainda seja condenado ao pagamento de todas as custas.

Protesta pela produção de todos os meios de prova em direito admitidos, principalmente documental, testemunhal, pericial, depoimento pessoal, e outros meios exigidos a critério de Vossa Excelência.

Dá-se à causa o valor de R$_____.

Nestes termos,
Pede deferimento.
Local e data.

Nome, assinatura e OAB do advogado.

Peça: Ação de Cobrança (o problema tem de deixar claro que trata-se de trabalhador: diarista, autônomo, prestador de serviço,...; pode-se dar nos três ritos; só se pede valores em dinheiro, pois pedido de "objeto" é Ação possessória)

End: Vara do Trabalho

(pular 10 linhas)

Qualificação completa: 1 Requerente (é trabalhador: NÃO tem: Nascimento, CTPS, PIS, nome da mãe)
2 advogado
3 P R O P O R Ação de Cobrança a ser processada pelo Rito Ordinário arts. 282 do CPC e 233 do CC ambos utilizados subsidiariamente conforme o art. 769 da CLT
4 Requerido

1. RESUMO DOS FATOS (problema em si)

2. DO CABIMENTO DA PRESENTE AÇÃO DE COBRANÇA

Art. 114 da CF, conforme Ec 45/04 que alterou o art. 114 CF, dispondo que qualquer relação de trabalho que tenha conflito é de competência da Justiça do Trabalho.

3. DOS VALORES DEVIDOS AO REQUERENTE

Fato: Que o requerido deve....... e não pagou até a presente data.....

Fundamento: art. 233 do Código Civil --- obrigação de dar

Conclusão: Requer a condenação ao pagamento devidamente corrigido..

4.PEDIDO (tradicional). Não se requer expedição de ofícios aos órgãos competentes...

59

5. REQUERIMENTOS FINAIS (tradicional)

Nestes termos,
Pede deferimento.
Local e data.

Nome, assinatura e OAB do advogado.

Peça: Dissídio Coletivo (natureza de ação é constitutiva, não pode haver execução)

Excelentíssimo Senhor Doutor Juiz Presidente do Egrégio Tribunal Regional do Trabalho da __ª Região.

ou

Excelentíssimo Senhor Doutor Ministro Presidente do Egrégio Tribunal Superior do Trabalho.

(pular 10 linhas)

Qualificação completa: 1 Suscitante (sindicato ou empresa, sempre com CNPJ e endereço, ou MPT, "...neste ato representando..")
2 por seu advogado que esta subscreve (proc. em anexo)
3 vem instaurar Dissídio Coletivo Declaratório (será utilizado no exemplo para declarar abusividade de greve) com base no art. 856 da CLT combinado com o art. 282 do CPC
4 em face do Suscitado (normalmente é empresa ou sindicato)

1. RESUMO DOS FATOS problema da OAB (ex.: usado: greve que se quer que seja julgada abusiva)

2. DOS REQUISITOS NECESSÁRIOS PARA INSTAURAÇÃO DO DISSÍDIO (falar do requisito do acordo entre a partes)

    O Dissídio Coletivo Declaratório ora apresentado visa que este Douto Tribunal declare a abusividade da greve, conforme será demonstrado.
    Com a promulgação da Emenda 45/04, que alterou o art. 114 da CF, este trouxe algumas novidades para este tipo de ação.
    Mesmo em se tratando da declaração da greve, o acordo entre as partes é imprescindível para a instauração da ação.

3. DO CABIMENTO DO PRESENTE DISSÍDIO

Fato: Diante da paralisação da categoria, por se tratar de Direito abstrato, este Douto Juízo é o competente para declarar a abusividade.

Fundamento: A CLT em seu art. 856 e seguintes vaticina a obrigatoriedade da instauração deste meio judicial para a apuração da abusividade da greve (mais jurisprudência ou doutrina menos livro material ou CLT comentada).

Conclusão: Diante dos fatos narrados e dos requisitos devidamente preenchidos, requer deste Douto Juízo a admissibilidade da ação e consequentemente a procedência conforme será demonstrado abaixo.

4. DA ABUSIVIDADE DA GREVE

Fato: Existe uma greve...

Fundamento: Lei da greve: Lei 7.783/89

Conclusão: Que seja declarada a abusividade da greve, devendo haver o retorno dos trabalhadores aos seus postos de trabalho.

5. PEDIDO. Pede a declaração de abusividade da greve (único pedido).

6. REQUERIMENTOS FINAIS notificação p/ apresentação de defesa
             pagamento custas
             provas   NÃO têm revelia nem confissão

Nestes termos,
Pede deferimento.
Local e data.

Nome, assinatura e OAB do advogado.

Peça: Ação de Cumprimento

End: Vara do Trabalho

(pular 10 linhas)

Qualificação completa: 1 Requerente (sindicato, empregador, MPT e empregado)
2 advogado
3 P R O P O R Ação de Cumprimento (a ser processada pelo Rito Ordinário). Art. 872 da CLT combinado com o art. 282 do CPC
4 Requerido (normalmente empresa)

1. RESUMO DA SENTENÇA NORMATIVA   (limitar-se ao problema)

2. DO CABIMENTO DA PRESENTE AÇÃO DE CUMPRIMENTO

Fato: ...que teve uma sentença normativa

Fundamento: art. 872 da CLT

Conclusão: ...que é o meio cabível

3. DO CUMPRIMENTO DA SENTENÇA NORMATIVA

Fato: ...que houve sentença normativa não obedecida.

Fundamento: (é o trecho da sentença normativa não cumprida) "...........
......................."

Conclusão: Por fim, requer o cumprimento da sentença normativa pelo requerido e, caso a desobediência se mantenha, requer a condenação da multa diária (Astreinte) a ser arbitrada por este Douto Juízo.
Caso a desobediência ainda persista, requer a decretação da prisão do representante da empresa ora requerida.

4. PEDIDO   ...pleiteia a procedência da ação.

5. REQUERIMENTOS FINAIS (tradicional) notificação do responsável
revelia, confissão
custas, provas e valor da causa

Nestes termos,
Pede deferimento.
Local e data.

Nome, assinatura e OAB do advogado.

EXCELENTÍSSIMO SENHOR DOUTOR JUIZ DO TRABALHO DA ___ª VARA DO TRABALHO DE _____

Empresa ----, devidamente inscrita no CNPJ/MF Nº ----, na pessoa de seu representante legal ----, estabelecida na Rua ----, Nº ----, Bairro ----, Cidade ----, Estado ----, CEP ---, por seu advogado que esta subscreve, com endereço profissional à Rua ----, Nº ----, Bairro ----, Cidade ----, Estado ----, CEP ----, onde deverá receber as devidas intimações (procuração em anexo), vem respeitosamente à presença de Vossa Excelência propor:

AÇÃO DE CUMPRIMENTO

com base no art. 872 da CLT combinado com o art. 282 do CPC, em face do Sindicato dos Empregadores de ----, devidamente inscrito no CNPJ/MF Nº ----, estabelecido na Rua ---, Nº ---, Bairro----, Cidade----, Estado----, CEP---, pelos fatos e fundamentos a seguir expostos:

1. DO RESUMO DOS FATOS

A sentença normativa (documento em anexo) determinou o retorno imediato dos empregados ao trabalho, por entender que se trata de uma greve abusiva. Esta sentença não foi cumprida.

2. DO CUMPRIMENTO DA SENTENÇA NORMATIVA

Foi determinado na sentença normativa que acompanha esta ação que o Requerido deveria voltar imediatamente ao trabalho, por se tratar de uma greve abusiva, mandamento este que não foi cumprido.

O art. 872 da CLT determina que nos casos em que a sentença normativa não for cumprida, caberá Ação de Cumprimento.

O direito de greve é assegurado aos trabalhadores, mas este deve ser exercido nos termos e limites definidos pela Lei 7.783/1989, sob pena de a greve ser considerada abusiva, fato este que ocorreu neste caso em tela, tendo o mesmo sido declarado pela sentença normativa que consta anexada a esta ação.

Uma sentença normativa tem força de lei e deve ser cumprida, o que não aconteceu neste caso.

Portanto, requer diante deste Douto Juízo o imediato retorno do Requerido ao trabalho, sob pena de justa causa.

3. DO PEDIDO

Diante do exposto, requer a Procedência da Ação nos seguintes termos:

3.1. A condenação do Requerido e o imediato retorno ao trabalho.

3.2. Caso não retornem ao trabalho, que sejam considerados os contratos dos grevistas rescindidos com justa causa.

4. DOS REQUERIMENTOS FINAIS

Por fim, requer deste Douto Juízo a notificação da Requerida para que apresente as sua resposta no prazo legal e caso não as faça, que seja declarada a sua revelia e aplicada a pena de confissão. Requer ainda, a condenação da Requerida ao pagamento das custas. Alega provar os fatos por todos os meios de prova admitidos no Direito, principalmente documental, testemunhal, depoimento pessoal das partes, perícia e outros a critério de Vossa Excelência.

Dá-se a causa o valor de R$--------------.

Nestes termos,
Pede deferimento.
Local e data.

Nome, assinatura e OAB do advogado.

Esqueleto da Peça: Mandado de Segurança

End: Vara do Trabalho   (se for ato do DRT)
Presidente do TRT   (se for ato do Juiz ou Presidente TRT)
Presidente da SBDI-II do TST   (se for ato de qualquer dos ministros do TST)

(pular 10 linhas)

Qualificação completa: 1 Impetrante
                       2 advogado
                       3 impetrar MS: arts. 282 CPC + 1.533/51 + 5º LXIX CF, todos utilizados subsidiariamente a CLT conforme dispõe o art. 769 CLT
                       4 Impetrado

1. RESUMO DOS FATOS   (enunciado)

2. DO CABIMENTO DO MANDADO DE SEGURANÇA

Fato: MS criado para evitar arbitrariedades do poder público.

Fundamento: Justiça do Trabalho é a competente, cf art. 114, IV da CF + Lei 1.533/51.

Conclusão: É o meio disponível para se reparar o dano que será demonstrado.

3. DA CONCESSÃO DA LIMINAR EM MANDADO DE SEGURANÇA

Fato: Mostrar a abusividade ocorrida

Fundamento: Norma constitucional contrariada pela abusividade + Requisitos:
Fumus (é a norma descrita que traduz direito líquido e certo, incontestável)
Periculum (necessária tutela urgência, senão trará prejuízo ao impetrante)

67

Conclusão: Requer concessão da liminar, obrigando o "desfazimento" da abusividade

4. PEDIDO Requer:
– a concessão da liminar;
– a intimação do MPT para o seu parecer (obrigatório).

5. REQUERIMENTOS FINAIS (NÃO tem revelia e confissão, NÃO tem custas e NÃO tem provas)

Requer, ainda, a notificação do impetrado para apresentar suas informações em até dez dias

Nestes termos,
Pede deferimento.
Local e data.

Nome, assinatura e OAB do advogado.

Peça: Mandado de Segurança (Lei 1.533/51; esta peça se confunde com a Reclamação Correicional). A questão do problema lhe dará a resposta. Se for:
– como advogado da empresa, ajuíze o meio cabível em prol do seu cliente – é MS.
– como advogado da empresa, ajuíze o meio cabível para apurar o ato do juiz – é Reclamação Correcional.

Excelentíssimo Senhor Doutor Juiz Presidente do Egrégio Tribunal Regional do Trabalho da ___ª Região.

ou

Excelentíssimo Senhor Doutor Juiz Presidente da Colenda Subseção de Dissídio Individual – II do Egrégio Tribunal Regional do Trabalho da Região.

(pular 10 linhas)

Qualificação 1 Impetrante (empresa ou empregado - completo)
completa: 2 advogado (endereço mais proc.)
              3 vem tempestiva e respeitosamente IMPETRAR Mandado de Segurança com pedido de liminar com base no art. 282 do CPC combinado com a Lei federal 1.533/51 e o art. 5º, inciso LXIX da CF, todos utilizados subsidiariamente em decorrência do disposto no art. 769 da CLT.
              4 em face do impetrado Meritíssimo Juiz da ___ª VT de
                Senhor Diretor da Secretaria da ___ª VT de
                Senhor Auditor Fiscal do Trabalho da DRT de

1. RESUMO DOS FATOS   (enunciado)

2. DO CABIMENTO DO MANDADO DE SEGURANÇA (aspecto processual; mostrar ser único meio)

Fato: Para evitar-se arbitrariedades por parte do Poder Público foi criado o MS.

Fundamento: Não mais se discute a competência da Justiça do Trabalho para julgar esta ação, conf. art. 114, IV da CF (colocar doutrina: "Nesse sentido, o Professor..")

Conclusão: Desta forma, diante dos fatos que serão demonstrados, o presente MS é o meio pelo qual se busca reparar um dano.

3. DA CONCESSÃO DA LIMINAR EM MANDADO DE SEGURANÇA (o próprio mérito do MS)

Fato: Em audiência de primeira instância conforme ata em anexo, o impetrado recusou-se a ouvir uma testemunha sob os protestos da impetrante (exemplificativo).

Fundamento: Nesta linha de raciocínio, o art. 5º, LXV da CF assegura a ampla defesa num estado democrático de direito, e o ato cometido pelo impetrado vai na contramão do texto desenvolvido pelo legislador. (momento dos requisitos FBI + PM):

A concessão da liminar em MS tem caráter exclusivamente processual e, por consequência, deverão ser atendidos os dois requisitos seguintes.

O *fumus boni iuris* está caracterizado na norma constitucional acima elencada que traduz o direito líquido e certo do impetrante, ou seja, incontestável.

Corroborando com estes requisitos, o *periculum in mora* é a necessidade da tutela de urgência por parte deste Douto Tribunal e que, caso não seja concedido, trará prejuízo ao impetrante.

Nesse sentido os doutrinadores são uníssonos, assim aduzindo o Prof. ......

Conclusão: Requer desta forma deste Douto Tribunal a concessão da liminar, obrigando o impetrado a realizar o ato que recusou em audiência.

4. PEDIDO

Diante do exposto é a presente para requerer deste Douto Tribunal a concessão da liminar e a intimação do MPT para que profira o seu parecer.
(NÃO se pede procedência porque NÃO é direito material)

5. REQUERIMENTOS FINAIS

Requer a notificação do impetrado para apresentar suas informações em até dez dias.

Dá-se à causa o valor de R$
(NÃO tem revelia, nem confissão, nem provas, nem custas, nem liquidação)

Nestes termos,
Pede deferimento.
Local e data.

Nome, assinatura e OAB do advogado.

Peça: Ação Possessória (tanto para bens móveis como imóveis)

End: Vara do Trabalho

(pular 10 linhas)

Qualificação completa: 1 Requerente
2 por seu advogado
3 vem propor Ação Possessória de Reintegração de posse (exemplo) com base nos arts. 282 e 296 do CPC todos estes utilizados subsidiariamente conforme dispõe o art. 769 da CLT
4 Requerido

1. RESUMO DOS FATOS (enunciado: Requerido está com um bem que não lhe pertence)

2. DO CABIMENTO DA AÇÃO POSSESSÓRIA NA JUSTIÇA DO TRABALHO

Fato: Não mais se discute na Justiça do Trabalho o cabimento da presente ação como meio cabível para....(sempre dessa forma, como nas outras). A justiça é uníssona em.....

Fundamento: art. 114 da CF + doutrina.

Conclusão: Desta forma é o meio cabível para se pleitear direitos possessórios.

3. DA REINTEGRAÇÃO DA POSSE

Fato: Ocorreu um esbulho (por exemplo) e o requerente perdeu todo o bem.

Fundamento: art. 926 do CPC

Conclusão: Assim sendo, requer deste Douto Juízo a concessão imediata da reintegração da posse para o requerente através do mandado de manutenção.

4. PEDIDO Requer a procedência....   ; pede a reintegração.

5. REQUERIMENTOS FINAIS (tradicionais).

Nestes termos,
Pede deferimento.
Local e data.

Nome, assinatura e OAB do advogado.

Ação Cautelar: Produção antecipada de provas

End: Vara do Trabalho

(pular 10 linhas)

Qualificação completa: 1 Requerente
                        2 advogado
                        3 P R O P O R Ação Cautelar preparatória (incidental) de produção antecipada de provas com base nos arts. 282 e 847 do CPC, subsidiariamente utilizados conforme o art. 769 da CLT
                        4 Requerido (empresa, CNPJ, endereço)

1. RESUMO DOS FATOS (limitar-se ao problema).

2. DO CABIMENTO DA PRESENTE AÇÃO

Fato: Diante dos fatos supranarrados, a tutela jurisdicional se faz necessária em caráter de urgência tendo em vista a efetividade do processo.

Fundamento: Na seara trabalhista não mais se discute a competência da justiça do trabalho para resolver o conflito que será apresentado. A Em. Constitucional 45/04 ampliou a competência do art. 114 em resolver conflitos trabalhistas.
       Diante deste contexto o cabimento da presente cautelar é a forma pela qual o requerente tem de assegurar seus direitos processuais.

Conclusão: Desta feita, diante dos fatos narrados e legislação exposta requer o devido processamento da cautelar, consoante os fatos que abaixo serão descritos.

3. DA CONCESSÃO DA LIMINAR PARA ASSEGURAR A AMPLA DEFESA (supondo testemunha com viagem marcada)

Fato: A testemunha que o requerente pretende apresentar em audiência através de seu depoimento está de viagem marcada para o próximo mês.

Por se tratar de uma prova contundente, sua oitiva é de extrema importância para provar o direito do requerente.

Nesta linha de raciocínio, em virtude do princípio da oralidade, que existe nos conflitos trabalhistas, o depoimento da testemunha é imprescindível.

Fundamento: Não obstante os fatos já descritos, o art. 847 do CPC utilizado subsidiariamente conforme o art. 769 da CLT traz a possibilidade processual da antecipação da prova em casos excepcionais (falar agora da liminar: FBI + PM).

Por se tratar de uma medida processual, a ação cautelar para que ocorra a concessão da liminar necessita do preenchimento de dois requisitos a saber.

O *fumus boni iuris* fica demonstrado na possibilidade de antecipação da prova descrita no artigo supracitado.

Ainda tratando sobre os requisitos. O *periculum in mora* é a necessidade da emergência da tutela e que confrontando com os fatos já descritos é de suma importância a oitiva da testemunha sob pena de prejuízos irreparáveis por parte do requerente.

Respeitados os requisitos da cautelar e preenchidos os pressupostos da ação, a CF em seu art. 5º, LV, assegura a ampla defesa em quaisquer processos judiciais e, assim sendo, a oitiva da testemunha deverá ser feita em 1ª audiência após o recebimento desta cautelar.

Conclusão: Desta forma, requer a concessão da liminar *inaudita altera pars* para que a testemunha seja ouvida na primeira audiência após a concessão desta liminar.

4. PEDIDO Diante do exposto requer a procedência da concessão da liminar *inaudita altera parts* como o objetivo de que este MM. Juízo intime a testemunha para ser ouvida na primeira audiência, sob pena de ser coercitivamente encaminhada a este Douto Juízo.

5. REQUERIMENTOS FINAIS (tradicional) notificação,....respostas no prazo legal,... revelia, confissão. Custas, provas e valor da causa.

Nestes termos,
Pede deferimento.
Local e data.

Nome, assinatura e OAB do advogado.

Ação Cautelar de Protesto (para garantir que não ocorra a prescrição quinquenal)

End: Vara do Trabalho

(pular 10 linhas)

Qualificação completa: 1 Requerente
2 advogado
3 P R O P O R Ação Cautelar de protesto com base nos arts. 282 e 876 do CPC, subsidiariamente utilizados conf. o art. 769 da CLT
4 Requerido

1. RESUMO DOS FATOS   (limitar-se ao problema)

2. DO CABIMENTO DA PRESENTE AÇÃO

Fato: ...trata-se de uma relação de trabalho.

Fundamento: ...art. 114 diz ser competência da Justiça do Trabalho.

Conclusão: é o meio cabível.

3. DO PROTESTO JUDICIAL COM A FINALIDADE DE ASSEGURAR DIREITOS

Fato: Cumpre salientar que o requerente trabalha na empresa ora requerida desde 2003.
    É cediço afirmar que nas relações de trabalho aplica-se a prescrição quinquenal conforme descrita no art. 7º XXIX da CF cumulado com o art. 11 da CLT, porém esta norma assegura a eficácia do não pagamento a período anterior aos últimos cinco anos.
    A referida norma prejudica sobremaneira o empregado ora requerente, pois com o transcorrer do tempo deixará de receber valores correspondentes ao seu trabalho, e o grande beneficiário desta situação será o empregador ora requerido. (Quando requerido paga 5 anos de horas extras mas deixou de pagar outros 15, por exemplo. Acaba, ao final, por ganhar.)

Corroborando com esta tese, o legislador brasileiro foi feliz quando promulgou o art. 867 do CPC que visa assegurar direitos. Como a CLT é omissa neste ponto, a aplicação subsidiária do artigo supracitado é necessária.

Fundamento: (falar requisitos da liminar: FBI + PM)
    Por se tratar de uma medida processual, a ação cautelar para que ocorra a concessão da liminar necessita do preenchimento de dois requisitos a saber. O *fumus boni iuris* ... art. 867 CPC ... assegurar direitos. O *periculum in mora* ... conceda já ou o requerente vai perder direitos no passado.

Conclusão: Desta forma, requer deste Douto Juízo a concessão da liminar em caráter definitivo com a finalidade de assegurar todos os direitos pertinentes à relação de emprego existente entre as partes, ou seja, não se aplicando a prescrição quinquenal. Direitos estes que serão devidamente demonstrados e provados na RT que será proposta por dependência a esta Vara.

4. DO SEGREDO DE JUSTIÇA

    Com o objetivo de assegurar direitos, a presente ação de protesto em nenhum momento pretende ir contrariamente à CF no que tange aos seus princípios basilares, dentre eles a ampla defesa, que será devidamente exercido quando do ajuizamento da ação.
    É notório que o segredo de Justiça será concedido apenas em situações especiais, e no caso apresentado a este Douto Juízo é evidente tal situação tendo em vista que se o requerido for notificado desta ação o contrato será rescindido, ou o requerente poderá sofrer durante o seu contrato de trabalho privações pelo ato cometido.
    Assim sendo, requer a concessão do segredo de Justiça.

5. PEDIDO ..requer a procedência da ação nos seguintes termos:

    5.1 Que fique assegurado todos os direitos do requerente e que não lhe seja aplicada a prescrição quinquenal no contrato entre as partes.
    5.2 A concessão do segredo de Justiça.

6. REQUERIMENTOS FINAIS. Provas e valor da causa sem notificação, revelia e confissão.

Nestes termos,
Pede deferimento.
Local e data.

Nome, assinatura e OAB do advogado.

HABEAS-CORPUS (hipóteses: infiel depositário, falso testemunho, desacato; pode ser libertário e preventivo)

End: Excelentíssimo Senhor Doutor Juiz Presidente do Egrégio T.R.T. da __ª Região.

(pular 10 linhas)

"Testemunha" (exemplo), nacionalidade, estado civil, profissão, RG..., CPF, endereço, ora paciente, neste ato representado por seu advogado, com endereço na rua, nº., bairro, cidade, Estado e CVEP ...(procuração em anexo), ora impetrante, vem com o devido respeito à presença deste Douto Tribunal impetrar:

HABEAS-CORPUS LIBERATÓRIO

Com base nos arts. 5º LXXIII e 114, IV da CF, contra a ordem de prisão emitida pelo MM. Juízo da __ª Vara do Trabalho.

1. RESUMO DOS FATOS

2. DO CABIMENTO DO *HABEAS-CORPUS* citar art. 114, IV da CF

3. DO RELAXAMENTO DA PRISÃO ("DO NÃO CABIMENTO DA PRISÃO" se for HC preventivo)

Fato: ...que o paciente encontra-se preso, porém é uma prisão ilegal, porque o valor da prisão já foi depositado ou ocorre que a testemunha não prestou juramento e deveria ter sido ouvida como informante.
Fundamento: ...não há. Talvez doutrina.
Conclusão: Desta forma, requer deste Douto Tribunal que seja expedido o alvará de soltura clausulado.

Nestes termos,
Pede deferimento.
Local e data.

Nome, assinatura e OAB do advogado.

HABEAS-DATA **(hipóteses: para retificar uma informação ou para buscar uma informação; só se impetra contra entes do Poder Público: administração direta + poder judiciário)**

Não confundir: MS: peço informação e juiz (age) não fornecendo, nega; HD: peço informação e juiz é omisso.

End: Vara do Trabalho

(pular 10 linhas)

Qualificação completa: impetrante
                                          impetrado

1. RESUMO DOS FATOS

2. DO CABIMENTO DO *HABEAS-CORPUS* citar art. 114, IV da CF.

3. DA BUSCA DA INFORMAÇÃO

Fato:

Fundamento:

Conclusão:

Nestes termos,
Pede deferimento.
Local e data.

Nome, assinatura e OAB do advogado.

Ação Revisional (requisitos: contrato ainda em vigência; houve uma decisão transitada em julgado que ainda se mantenha; houve uma alteração nos fatos) Não cabe para adicional noturno, hora extra, ...)

End: Vara do Trabalho (para o local que julgou a ação principal)

(pular 10 linhas)

Qualificação completa: 1 Requerente
                            2 advogado
                            3 P R O P O R Ação Revisional com base nos arts. 282 e 471, I, do CPC, subsidiariamente utilizados conf. o art. 769 da CLT
                            4 Requerido

1. RESUMO DOS FATOS (houve sentença, empregado continua trabalhando, houve mudança...)

2. DOS MOTIVOS EM QUE A RESPEITÁVEL DECISÃO DEVERÁ SER MODIFICADA

Fato: Trata-se da respeitável decisão proferida no processo em epígrafe que condenou o requerido ao pagamento do adicional de insalubridade em 10% sobre o salário mínimo. Ocorre que o contrato entre as partes ainda está em vigência, porém sofreu alterações no trabalho.

    O requerente ainda trabalha no mesmo setor daquela época da respeitável decisão, porém houve um aumento da insalubridade, o barulho de máquinas diante de sua utilização constante aumentou significativamente.

Fundamento: Neste contexto o adicional de insalubridade é devido para situações em que ocorre um prejuízo físico ou mental do empregado ora requerente com o passar do tempo. O art. 7º XXIII da CF e o art. 192 da CLT determinam o direito ao adicional que é gradativo conforme o agente.

    A respeitável decisão já transitada em julgado condenou o requerido ao pagamento de 10%, mas através de perícia técnica que deverá ser concedida por esse Douto Juízo, esta irá apurar que houve o aumento do agente nocivo.

Conclusão: Desta forma, requer que este Douto Juízo ordene o desarquivamento dos autos e conceda a perícia técnica para que esta determine o aumento da insalubridade e a condenação do requerido ao pagamento das diferenças do adicional de insalubridade (pois já se paga parte).

3. PEDIDO

Requer a procedência da ação nos seguintes termos.

3.1 O desarquivamento do processo nº
3.2 A concessão da perícia técnica para apurar o adicional.
3.3 A revisão da decisão transitada em julgado alterando o percentual da insalubridade, *data venia*, não inferior a 40% sobre o salário mínimo (se a categoria tiver piso salarial, será sobre este).
3.4 Que a reclamada seja condenada ao pagamento das custas.

4. REQUERIMENTOS FINAIS

Requer-se, ainda, que a reclamada seja notificada para que querendo apresente sua defesa em audiência e, caso não a faça, que seja declarada sua revelia e lhe seja aplicada a pena de confissão.

Alega provar os fatos por todos os meios de prova admitidos no Direito.

Dá-se à causa o valor de R$ (valor por extenso).

Nestes termos,
Pede deferimento.
Local e data.

Nome, assinatura e OAB do advogado.

EXCELENTÍSSIMO SENHOR DOUTOR JUIZ FEDERAL DA ___ª VARA DO TRABALHO DE _____.

Processo n°

O Requerente "A", pessoa jurídica de direito privado, inscrito no CNPJ/MF n°, estabelecido na rua, n°, bairro, cidade, Estado, CEP, por intermédio de seu advogado formalmente constituído (procuração em anexo), com endereço profissional à rua, n°, bairro, cidade, Estado, CEP, vem respeitosamente à presença de Vossa Excelência propor:

AÇÃO REVISIONAL

com base no art. 282 e art. 471, I, do CPC, utilizado subsidiariamente no processo do trabalho, conforme art. 769 da CLT, em face do Requerido "B" (qualificação completa), pelos motivos de fato e de direito a seguir expostos:

1. RESUMO DOS FATOS

O Requerido trabalha na empresa, ora Requerente, desde o ano de 1990. Ocorre que em 1991 o trabalhador ingressou Reclamação Trabalhista requerendo adicional de insalubridade. O citado benefício foi requerido no ano seguinte (1992), perdurando até o presente.

Impende ressaltar que o Recorrido foi transferido de setor, NÃO estando mais exposto aos agentes nocivos a saúde.

2. DA MUDANÇA DOS FATOS E DO NÃO DIREITO ADQUIRIDO

Como demonstra certidão em anexo, o Requerido foi transferido das atividades que o expunham à insalubridade.

Devido a mudança nos fatos impende ressaltar que o art. 194 da CLT menciona que o direito do empregado ao adicional de insalubridade cessará com a eliminação do risco à saude ou integridade física, não havendo que se falar em direito adquirido caso seja removido do setor ou passe a laborar em outro estabelecimento.

Corrobora com o supracitado artigo o respeitável professor e doutrinador Renato Saraiva em sua obra *Direito do Trabalho*, a saber:

"Não há direito adquirido ao recebimento de insalubridade..." (*Direito do Trabalho*, série concurso/ Renato Saraiva, Ed. Método, São Paulo).

Desse modo, requer o término do pagamento aos adicionais de insalubridade por se tratar de direito material preterido.

Pleiteia ainda o deferimento por este Douto Juízo a verificação, por meio de prova pericial, afim de que ateste a cessação das condições de insalubridade à saúde do requerido.

3. DOS MOTIVOS PELOS QUAIS A RESPEITÁVEL DECISÃO DEVE SER REVISADA

Reza o art. 471, I, do CPC que o juiz só deliberará novamente questões já decididas, referente à mesma lide, caso trate de relação jurídica continuada, ou se houver modificação nos fatos ou no direito. O caso em tela coaduna amplamente com o dispositivo citado, já que o vínculo empregatício persiste e que houve a mudança notável e considerada dos fatos.

Portanto, por se tratar de questão processual, e com fundamento no CPC, ultilizado subsidiariamente a justiça obreira, requer a presente a revisão da decisão judicial transitado em julgado, cessando o pagamento ao adicional de insalubridade.

4. DO PEDIDO

Outrossim, diante dos fatos elucidados requer deste Douto Juízo que a respeitável decisão proferida às folhas, seja revista, e que a obrigação ao pagamento de adicional seja cessado.

5. REQUERIMENTOS FINAIS

Requer deste Douto Magistrado a notificação da Requerida para que apresente a sua resposta no prazo legal, e caso não o faça que seja declarada a sua revelia e aplicada a pena de confissão.

Requer ainda a condenação da Reclamada ao pagamento das custas, e protesta provar o alegado por todos os meios de prova admitidos em Direito, em especial a prova pericial, testemunhal, depoimento das partes e outras provas a critério de Vossa Excelência.

Nestes termos,
Pede deferimento.
Local e data.

Nome, assinatura e OAB do advogado.

AÇÃO DECLARATÓRIA

EXCELENTÍSSIMO SENHOR DOUTOR JUIZ DO TRABALHO DA ___ª VARA DO TRABALHO DE _____

Transportadora Marcato, inscrita no CNPJ/MF nº, com sede na rua, nº, bairro, cidade, Estado, CEP, por seu advogado que esta subscreve, com escritório profissional na rua, nº, bairro, cidade, Estado, CEP, onde deverá receber as intimações (procuração em anexo), vem respeitosamente à presença deste Douto Juízo propor:

AÇÃO DECLARATÓRIA
A SER PROCESSADA PELO RITO ORDINÁRIO

Com base nos arts. 840, § 1º, inciso IX da CLT combinado com os arts. 282 e 5º do CPC, em face dos Requeridos José, nacionalidade, estado civil, ajudante geral, com RG nº ___, expedido em ___/___/___, com CPF/MF nº, nascido em ___/___/___, com CTPS nº série, nº de PIS, nome da mãe, residente e domiciliado na rua, nº, bairro, cidade, Estado, CEP, e do Sindicato dos Empregados de Transportadora, devidamente inscrito no CNPJ/MF nº, estabelecido na rua, nº, bairro, cidade, Estado, CEP, pelos fatos e fundamentos a seguir expostos:

1. RESUMO DOS FATOS

Ocorre que o empregado ora Requerido foi contratado em ___/___/___, percebendo um piso salarial de R$680,00 (seiscentos e oitenta reais), para exercer a função de ajudante geral para a transportadora ora Requerente. Sendo afastado de suas funções em janeiro de 2007, por auxílio-doença, retornando em 2008.

Quando de seu retorno a Requerente o dispensou e para tanto depositando todas as verbas rescisórias devidamente, através de depósito em conta corrente (comprovante em anexo).

Entretanto, o Sindicato ora Requerido recusou-se a homologar a rescisão, sob a alegação de que o empregado ora Requerido era estável.

2. DA AÇÃO DECLARATÓRIA

A Ação Declaratória Trabalhista tem por objetivo afirmar a existência ou inexistência de uma relação jurídica. Encontra amparo legal no art. 4º, inciso I do CPC.

3. DA AUSÊNCIA DE REQUISITOS PARA A CARACTERIZAÇÃO DE GARANTIA DE EMPREGO DO EMPREGADO

O empregado Requerido foi dispensado preenchidas todas as formalidades legais. A lei é clara e apesar de estarem dispostos em diferentes artigos, trata-se de rol taxativo quanto aos empregados que possuem garantias provisória ou permanente de emprego, quais sejam: dirigente e representante sindical, representante de CIPA, acidentado, representante de órgão colegiado, gestante, membros de CCP.

Neste sentido a legislação brasileira assegura apenas aos casos acima direito a garantia de emprego. Conforme disposto nos arts. 8º, inciso VIII da CF, 10, inciso II, alíneas "a"e "b" ADCT combinados com art. 625-B da CLT e arts. 2º, § 7º, e 118 ambos da Lei 8.213/1991, que preveem as hipóteses de garantia de emprego.

Corroborando com este entendimento o doutrinador Amauri Mascaro Nascimento em seu livro *Iniciação ao Direito do Trabalho* 29ª ed. pp. 464 e seguintes:

"Conceituaremos, inicialmente, estabilidade no emprego. É o direito do trabalhador de permanecer no emprego, mesmo contra a vontade do empregador, enquanto existir uma causa relevante expressa em lei que permita a sua dispensa".

Deverá, portanto, este Douto Juízo mandar o Sindicato Requerido efetuar a homologação da rescisão do contrato de trabalho, por não encontrar o empregado Requerido coberto por qualquer tipo de garantia de emprego, além do que todas as verbas a que tem direito já foram devidamente pagas.

4. DO PEDIDO

Diante do exposto, requer a procedência da presente ação nos seguintes termos:

4.1. Seja declarada a inexistência da relação jurídica entre a empresa Requerente e o empregado Requerido, ordenando-se assim a homologação da rescisão do contrato de trabalho, por estarem devidamente pagas as verbas rescisórias.

5. REQUERIMENTOS FINAIS

Requer a notificação dos Requeridos para querendo apresentarem suas respostas e, caso não o façam, que seja declarada sua revelia e recebam a pena de confissão.

Outrossim requer a condenação do Sindicato Requerido no pagamento das custas.

Provará os alegados por todos os meios de prova em Direito admitidos em especial documental, testemunhal, depoimento pessoal das partes e outras que este Douto Juízo julgará necessárias.

Dá-se à causa o valor de R$_____.

Nestes termos,
Pede deferimento.
Local e data.

Nome, assinatura e OAB do advogado.

Peça de Contestação

Excelentíssimo Senhor Doutor Juiz da ___ª Vara de Trabalho de _____ .
(sempre local da RT, ação)

Processo nº

Qualificação completa: 1 "Empresa"
        2 por seu advogado que esta subscreve (endereço + procuração)
        3 vem respeitosamente.....apresentar CONTESTAÇÃO com base no art. 847 da CLT c/c o art. 300 do CPC
        4 nos autos da RT proposta por "A" (11 itens), consubstanciado nos motivos de fato e de direito a seguir expostos.

1. RESUMO DA RECLAMAÇÃO TRABALHISTA

(enunciado do problema; dar início aqui ao uso dos termos "reclamante" e "reclamado")

2. PRELIMINAR

(poderá ter se inconveniente processual ocorrer; art. 301 CPC: inexistência ou nulidade de citação; incompetência absoluta; inépcia da petição inicial; perempção; litispendência; coisa julgada; conexão; incapacidade da parte, defeito de representação ou falta de autorização; convenção de arbitragem; carência de ação; falta de caução ou de outra prestação que a lei exige como preliminar)
Exemplo:

    2.1 Inépcia da Reclamação Trabalhista

Fato: o inconveniente processual ocorrido.

Fundamento: Arts. 267 e 295, parágrafo único do CPC.

Conclusão: pedir extinção do processo sem resolução de mérito. Observação: não se pede a extinção sem resolução de mérito em caso de EXCEÇÃO DE INCOMPETÊNCIA ABSOLUTA, em razão funcional (qualquer inicial distribuída em instância não adequada) ou em razão da matéria (propõe ação em juízo errado). Nestes casos deve-se pleitear a REMESSA para a VT).

(parágrafo para fazer ligação com próximo item)

Caso Vossa Excelência entenda não tratar-se de inépcia da inicial e consequentemente extinção do processo sem resolução de mérito, será abordada a prejudicial de mérito.

3. PREJUDICIAL DE MÉRITO

(poderá ter, há várias, porém as mais importantes são a prescrição bienal e a quinquenal) Exemplo:

3.1 Da Prescrição Quinquenal

Fato: Reclamante foi contratado em 2000 e ingressou com RT em 2008...

Fundamento: Arts. 7º, XXIX da CF + 11 da CLT + Súmulas diversas.

Conclusão: Pedir a extinção do processo com resolução de mérito.

(parágrafo para fazer ligação com próximo item)

Caso este Douto Juízo interprete não tratar-se de prescrição quinquenal e consequentemente extinção do processo com resolução de mérito, será abordada a prejudicial de mérito.

4. MÉRITO (deverá ter: tópicos sempre negativos; normalmente 2/3 pontos a serem abordados) Exemplos:

4.1 Do Não Cabimento a Hora Extra por se Tratar de Cargo de Confiança

Fato + fundamento
Conclusão: Pede-se a improcedência do pedido...

4.2 Do Não Cabimento a Hora do Sobreaviso por usar Celular

Fato + fundamento
Conclusão: Pede-se a improcedência do pedido....

5. CONCLUSÃO se houver espaço:

5.1. Repetir pedido 4.1...;

5.2. Repetir pedido 4.2....; + os pedidos seguintes, que poderão ser colocados diretos da seguinte forma:

Caso ocorra uma condenação da Reclamada, que sejam compensados os valores já pagos ao reclamante, inclusive os fiscais e previdenciários, conforme recibos em anexo.
Que a reclamante seja condenada ao pagamento das custas.
Alega provar os fatos por todos os meios de prova admitidos no Direito.

(NÃO pedir valor da causa)

Nestes termos,
Pede deferimento.
Local e data.

Nome, assinatura e OAB do advogado.

EXCELENTÍSSIMO SENHOR DOUTOR JUIZ DO TRABALHO DA _ª VARA DO TRABALHO DE_____.

Processo nº_

A empresa "B", devidamente inscrita no CNPJ_, estabelecida na rua, nº, bairro, cidade, Estado, CEP, por seu advogado que esta subscreve, com endereço profissional na rua, nº, bairro, cidade, Estado, CEP, onde deverá receber intimações (procuração em anexo), vem respeitosamente apresentar:

CONTESTAÇÃO

Com base no art. 847 da CLT c/c o art. 300 do CPC, nos autos da Reclamação Trabalhista proposta por "A", nacionalidade, estado civil, profissão, RG nº, CPF nº, nascido na data de, com CTPS nº e série, nome da mãe, residente e domiciliado na rua, nº, bairro, cidade, Estado, CEP, consubstanciado nos motivos de fato e de direito a seguir expostos:

1. RESUMO DA RECLAMAÇÃO TRABALHISTA

O Reclamante "A" alega que foi contratado no ano de 2000, tendo sido dispensado em 2008.

No ano da dispensa, o Reclamante ajuizou Reclamação Trabalhista pleiteando hora de sobreaviso pela utilização de telefone celular nos finais de semana.

Ainda cabe ressaltar que o autor sempre trabalhou na cidade de São Paulo e ajuizou a ação na cidade de Goiânia, problema este que será discutido na exceção de incompetência que também será oposta.

2. PREJUDICIAL DE MÉRITO

2.1. Da prescrição quinquenal

O Reclamante foi contratado em 2000 e ajuizou a Reclamação Trabalhista em 2008.

Diante da omissão do Reclamante e com o objetivo de se evitar pedidos excessivos, a CF em seu art. 7º, inciso XXIX previu juntamente com o art. 11 da CLT a prescrição quinquenal, ou seja, a discussão processual está restrita aos cinco anos anteriores ao ajuizamento da ação.
Comungando com este entendimento a Súmula 308 do TST dispõe:

"I- Respeitado o biênio subsequente à cessação contratual, a prescrição da ação trabalhista concerne às pretensões imediatamente anteriores a cinco anos, contados da data do ajuizamento da reclamação e, não, as anteriores ao quinquênio da data da extinção do contrato (ex-OJ SDI-1 204) (Res. TST 129/05, DJ 20.04.2005)".

Desta forma requer a extinção do processo com resolução do mérito.

Caso este Douto Juízo interprete não tratar-se de prescrição quinquenal e consequentemente extinção do processo com resolução do mérito, será abordado o exame do mérito.

3. MÉRITO

3.1 Do não cabimento de hora de sobreaviso por se tratar de uso de celular.

O Reclamante pleiteia a hora de sobreaviso alegando a disponibilidade imposta pelo empregador através da utilização de telefone celular durante os finais de semana.

De acordo com o art. 244, § 2º da CLT, entende-se como jornada de trabalho o tempo que o empregado esteve à disposição do empregador, consubstanciando em horas de sobreaviso, que deverá ser à razão de 1/3 do salário normal.

Ocorre que o empregado utilizou-se do telefone celular por livre e espontânea vontade, não se tratando de imposição da empresa.

Além disso, é de se ressaltar que a utilização de telefone celular ligado à empresa não caracteriza tempo à disposição do empregador, não fazendo jus o reclamante as horas de sobreaviso.

Coaduna com esse entendimento a jurisprudência:

"O uso do bip, telefone celular, lap top ligado à empresa não caracterizam tempo à disposição do empregador, descabida a aplicação analógica das disposições legais relativas ao sobreaviso dos ferroviários... (TST, RR 163.233/95.0 José Luiz de Vasconcellos, AC 3º T. 3475/96)".

Por último requer deste Douto Juízo a improcedência das horas de sobreaviso, tendo em vista a utilização de celular não constituir a disponibilidade de tempo em relação à empresa.

Caso ocorra uma condenação da Reclamada que sejam compensados os valores já pagos ao Reclamante, inclusive os fiscais e previdenciários conforme recibos e anexo.

Requer a improcedência da ação condenando o Reclamante ao pagamento das custas.

Alega provar os fatos por todos os meios de prova admitidos no Direito.

Nestes termos,
Pede deferimento.
Local e data.

Nome, assinatura e OAB do advogado.

EXCELENTÍSSIMO SENHOR DOUTOR JUIZ DO TRABALHO DA _____ª VARA DO TRABALHO DE _____

Processo nº____

"B", devidamente inscrita no CNPJ/MF nº____, estabelecida na rua ____, nº ____, bairro ____, cidade ____, Estado ____, CEP. ____, vem, tempestiva e respeitosamente à presença deste Douto Juízo apresentar:

CONTESTAÇÃO

Com fulcro no art. 847 do CPC c.c. art. 300 do CPC, utilizado subsidiariamente conforme autoriza o art. 769 da CLT, em face do Reclamante, nacionalidade, estado civil, profissão, portador do RG. nº ____, expedido em ___/___/___, do CPF/MF nº ____, nascido em ___/___/___, com CTPS nº ____, série nº ____, com PIS nº ____, nome da mãe, pelos fatos e fundamentos a seguir expostos.

1. RESUMO DA RECLAMAÇÃO TRABALHISTA

O Reclamante ajuizou Reclamação Trabalhista na cidade de Goiânia-GO, pleiteando horas de sobreaviso pela utilização de telefone celular nos finais de semana. Alega, também, que foi contratado no ano de 2000 e dispensado em 2008, ano no qual ajuizou a ação. Ocorre, porém, que sempre trabalhou na cidade de São Paulo.

2. PREJUDICIAL DO MÉRITO

2.1 Da Prescrição Quinquenal

O Reclamante alega em sua Reclamação Trabalhista que foi contratado em 2000 e dispensado em 2008, ano em que ajuizou a ação.
No entanto, no sentido de estabelecer a pacificação social e a certeza jurídica, temos o inciso XXIX do art. 7º da Constituição Federal e o art. 11 da CLT que estabeleceram o mesmo prazo prescricional, qual seja: os últimos cinco anos de contrato, contados do ajuizamento da ação.

Corroborando com este entendimento temos a Súmula 308 do Egrégio Tribunal Superior do Trabalho que esclarece que "a prescrição da ação trabalhista concerne às pretensões imediatamente anteriores a cinco anos, contados da data do ajuizamento da ação (...)". Portanto, não deixa dúvidas quanto à prescrição quinquenal imposta pela Constituição Federal.

Pelo exposto, requer de Vossa Excelência, a extinção do processo com Resolução do Mérito no período anterior ao ano de 2003.

Diante do exposto acima, na sequência será abordado o Mérito da Ação.

3. DO MÉRITO

3.1 Do Não Cabimento das Horas de Sobreaviso

O Reclamante alega ter direito às horas que ficou à disposição do empregador utilizando-se do telefone celular.

Neste sentido, temos a Súmula 49 da Egrégia Seção de Dissídio Individual-I do Colendo Tribunal Superior do Trabalho, que afirma não caracterizar o regime de sobreaviso o fato do empregado não ficar em sua residência, esperando, a qualquer momento, ser chamado para o serviço.

Pelo exposto, requer deste Douto Juízo a Improcedência do pedido das horas de sobreaviso, tendo em vista que o Reclamante utilizou-se de telefone celular para aguardar a chamada para o serviço.

Caso ocorra uma condenação, que sejam compensados os valores já pagos ao Reclamante, inclusive as verbas fiscais e previdenciárias.

Requer a Improcedência da Ação, condenando o Reclamante ao pagamento das custas.

Alega provar os fatos por todos os meios em Direito admitido.

Nestes termos,
Pede deferimento.
Local e data.

Nome, assinatura e OAB do advogado.

Exceção de incompetência relativa em razão do lugar
(peça separada, apresentada junto com a contestação)

End: (para o local em que foi proposta a inicial)

(pular 10 linhas)

Processo nº

Qualificação: 1 "Empresa"
2 advogado
3 vem tempestiva e respeitosamente à presença de vossa excelência OPOR Exceção de incompetência relativa em razão do lugar, conforme art. 615 da CLT e 112 do CPC na Reclamação Trabalhista proposta por (Empregado, qualificação, simples), pelos fatos e fundamentos...expostos

1. O excepto ingressou com RT no Rio de Janeiro mas sempre prestou serviços na cidade de São Paulo.

2. Neste sentido o art. 651 da CLT determina que o local competente para resolver o conflito trabalhista sempre será o último local da prestação de serviço.

3. Desta forma requer a remissa do processo para uma das Varas Trabalhistas da cidade de São Paulo.

Nestes termos,
Pede deferimento.
Local e data.

Nome, assinatura e OAB do advogado.

(passar traço e começar contestação)

EXCELENTÍSSIMO SENHOR DOUTOR JUIZ DO TRABALHO DA ___ª VARA DO TRABALHO DE _____.

Processo nº___

"B" já qualificado no processo em epígrafe, por seu advogado que esta subscreve, na Reclamação Trabalhista proposta por "A", vem tempestiva e respeitosamente à presença de Vossa Excelência, opor:

EXCEÇÃO DE INCOMPETÊNCIA RELATIVA EM RAZÃO DO LUGAR

Com base no art. 112 do CPC, utilizado subsidiariamente conforme o art. 769 da CLT, de acordo com os fatos e fundamentos a seguir expostos:

O Excepto sempre trabalhou na cidade de São Paulo, contudo a Reclamação Trabalhista foi ajuizada em Goiânia.

De acordo com o art. 651 da CLT a competência para julgar as reclamações trabalhistas deve ser no último local da prestação de serviço, consubstanciado no caso em tela a cidade de São Paulo.

Nesse sentido a jurisprudência pátria coaduna:

> *Competência Territorial. Dissídio Individual-Fixação. A competência territorial da Justiça do Trabalho para dissídio individual, como diretriz geral, firma-se em razão do local de prestação dos serviços do empregado demandante ou demandado – CLT. Art. 651.*

Pelo exposto requer que seja acolhida a presente exceção remetendo a discussão para a Vara do Trabalho de São Paulo.

Nestes termos,
Pede deferimento.
Local e data.

Nome, assinatura e OAB do advogado.

Exceção de suspeição ou impedimento (juiz só é suspeito perante as partes)
                    (Suspeição: .... eu acho que... arts. 135 da CPC + 801 da CLT)
                    (Impedimento:...eu tenho certeza que art. 134 da CPC)

Pedido: que o juiz se declare impedido ou suspeito

(passar traço e começar contestação)

Reconvenção

Endereçamento: local em que se encontra a ação

(pular 10 linhas)

Processo nº

Qualificação completa: 1 Reconvinte
                              2 por seu advogado que esta subscreve (endereço + proc)
                              3 PROPOR Reconvenção com base no art. 315 do CPC
                              4 Reconvindo

1. RESUMO DOS FATOS

2. Ex.: DO EMPRÉSTIMO NÃO QUITADO (fato; fundamento: CC; conclusão: condenação do pagamento...)

3. PEDIDO tradicional

4. REQUERIMENTOS FINAIS tradicional

                        Nestes termos,
                        Pede deferimento.
                        Local e data.

            Nome, assinatura e OAB do advogado.

Peça de RECURSO ORDINÁRIO: 2 peças

1ª Peça de interposição: escrevê-la preferencialmente em 1 folha, questão de estética. Para o juiz *a quo*, que proferiu a sentença: VT ou TRT

2ª Peça de razões: para o juiz *ad quem*: TRT ou TST

Excelentíssimo Senhor Doutor Juiz do Trabalho da __ª Vara do Trabalho de

ou

Excelentíssimo Senhor Doutor Juiz Presidente do Egrégio Tribunal Regional do Trabalho da __ª Região (ações competência originária do TRT, decisão colegiada; ex: M.S. e A. R.)

(pular 10 linhas)

Processo nº

"B", já qualificado nos autos do processo acima referido, na Reclamação Trabalhista proposta por "A", por seu advogado que esta subscreve, inconformado com a respeitável sentença de folhas, vem tempestiva e respeitosamente à presença deste Douto Juízo interpor

RECURSO ORDINÁRIO

Com base no art. 895, alínea "a" ou "b" da CLT, de acordo com as razões em anexo, as quais requer que sejam recebidas e remetidas ao Egrégio Tribunal Regional do Trabalho da Região.

Seguem comprovantes das custas e depósito recursal devidamente recolhidos.

Se reclamante: - só das custas (não paga depósito);
- for beneficiário da Justiça gratuita: ..."fica isento do pagamento das custas...".)

Nestes termos,
Pede deferimento.
Local e data.

Nome, assinatura e OAB do advogado.

(Obs: efeito suspensivo: dissídio individual: S. 401, ação cautelar inominada, quando R.O. já foi interposto.
dissídio coletivo: abrir tópico "Do efeito suspensivo". É a única RT que tem efeito suspensivo nas próprias razões).

RAZÕES DE RECURSO ORDINÁRIO

(pular 2 linhas)

Origem: Vara do Trabalho de
Processo nº
Recorrente: "B"
Recorrido: "A"

(pular 2 linhas)

      Egrégio Tribunal Regional do Trabalho da ___ª Região (ou TST)
      Colenda Câmara
      Eméritos Julgadores

1. RESUMO DA DEMANDA (problema da OAB)

2. PRELIMINAR (sempre referente a questão processual) (protesto, inconformismo — houve nulidade — vai ter retorno para se sanar o vício)

    2.1 Cerceamento de Defesa (exemplificativo)

Fato: no julgamento o juiz não quis ouvir uma testemunha ...., parte mostrou o seu inconformismo, protestando,....

Fundamento: art. da 5º da CF (ampla defesa + contraditório) + explica + complementação (Súmula, Jurisprudência, Doutrina) + explica

Conclusão: Por fim, diante da nulidade acima apresentada em que a mesma foi contestada em audiência diante dos protestos do recorrente, este requer o retorno dos autos para a vara de origem para que o vício seja sanado e a testemunha ouvida.

    (parágrafo para fazer ligação com próximo item)

    Caso Vossa Excelência entenda não tratar-se de caso de retorno do processo, será abordado a seguir o mérito.

3. DOS MOTIVOS DA REFORMA DA RESPEITÁVEL SENTENÇA

Exemplo 3.1 DO (NÃO) CABIMENTO DE HORAS EXTRAS POR SE TRATAR DE CARGO DE CONFIANÇA (usar na negativa, se pela empresa, neste caso pensar como contestação; usar na afirmativa, se reclamante, neste caso pensar como RT)

Fato + fundamentação

Conclusão: Desta forma, diante dos fatos narrados e da legislação exposta, requer a reforma da respeitável decisão, excluindo o pagamento por parte do recorrente pertinente às horas extras.

Requer, ainda, que o presente recurso seja conhecido e provido pelos mais puros motivos de JUSTIÇA.

Nestes termos,
Pede deferimento.
Local e data.

Nome, assinatura e OAB do advogado.

EXCELENTÍSSIMO SENHOR DOUTOR JUIZ DO TRABALHO DA __ª VARA DO TRABALHO DE _____

Processo nº _____

"EMPRESA", já qualificada nos autos do processo acima descrito, por seu advogado que esta subscreve, na Reclamação Trabalhista proposta por "empregado", inconformado com a respeitável sentença de folhas ____, vem, tempestiva e respeitosamente à presença de Vossa Excelência interpor

RECURSO ORDINÁRIO

com base no art. 895, alínea "a" da CLT, de acordo com a razões em anexo as quais requer que sejam recebidas e remetidas ao Egrégio Tribunal Regional da ____ Região.

Segue comprovante do recolhimento das custas e depósito recursal.

Nestes termos,
Pede deferimento.
Local e data.

Nome, assinatura e OAB do advogado.

RAZÕES DE RECURSO ORDINÁRIO

Origem: __ª Vara do Trabalho de _____
Processo nº _____
Recorrente: "EMPRESA"
Recorrido: "EMPREGADO"

    Egrégio Tribunal Regional do Trabalho da __ª Região
    Colenda Turma
    Nobres Julgadores

1. RESUMO DOS FATOS

Foi proferida sentença que condenou a recorrente ao pagamento de hora *in itinere*, sendo que o recorrido se locomovia por transporte público até a recorrente.

2. DO CABIMENTO DO PRESENTE RECURSO ORDINÁRIO

A decisão proferida na Vara do Trabalho trata-se de uma sentença, dessa forma encerrando a atividade jurisdicional do Douto Juízo de primeira instância.

Neste contexto, o reexame da decisão supracitada só poderá ser feita através de Recurso Ordinário, conforme preceitua o art. 895, alínea "a" da CLT.

Cumpre ressaltar que segue cópia das custas e depósito recursal devidamente recolhidas, além do presente recurso ter sido interposto no actídio legal.

Dessa forma, preenchido os pressupostos de admissibilidade requer o devido processamento do presente recurso.

3. DOS MOTIVOS DA REFORMA DA RESPEITÁVEL SENTENÇA DE FOLHAS _____

3.1 – Do não cabimento das horas *in itinere*.

A recorrente foi condenada ao pagamento de horas *in itinere*, sendo que o recorrido se locomovia por meio de transporte público.

As horas *in itinere* só serão devidas quando o empregado trabalhar em local de difícil acesso ou não servido por transporte público e o empregador não fornecer condução, conforme preceitua o art. 58, § 2º da CLT.

Corroborando com este entendimento a Súmula 90 do Egrégio Tribunal Superior do Trabalho disciplina os casos que a referida hora será devida.

O pedido de horas *in itinere* é incompatível quando há serviço de transporte público que viabilize o deslocamento do obreiro até seu local de trabalho.

Não há que se falar em obrigação por parte da recorrente em pagar as referidas horas, pois o recorrido possuía condições adequadas para se locomover até o local de trabalho.

Desta forma, requer a reforma da respeitável sentença de folhas ___, excluindo o recorrente do pagamento no que tange as horas *in itinere*.

Por fim, requer que o presente recurso seja conhecido e provido pelos mais puros motivos da JUSTIÇA!

Nestes termos,
Pede deferimento.
Local e data.

Nome, assinatura e OAB do advogado.

CONTRARRAZÕES AO RECURSO ORDINÁRIO: 2 peças

End: Vara do Trabalho (+ usual; TRT para ações originárias no TRT, com sentença colegiada)

(pular 10 linhas)

Processo nº

"Empregado", já qualificado no processo acima referido, na Reclamação Trabalhista proposta em face de "B", em virtude do Recurso Ordinário interposto, por seu advogado que esta subscreve, vem tempestiva e respeitosamente à presença deste Douto Juízo apresentar

CONTRARRAZÕES AO RECURSO ORDINÁRIO

com base no art. 900, da CLT, as quais seguem em anexo e requer que sejam recebidas e remetidas ao Egrégio Tribunal Regional do Trabalho da Região.

Nestes termos,
Pede deferimento.
Local e data.

Nome, assinatura e OAB do advogado.

CONTRARRAZÕES AO RECURSO ORDINÁRIO

(pular 2 linhas)

Origem: Vara do Trabalho de
Processo nº
Recorrente: "B"
Recorrido: "A"

(pular 2 linhas)

    Egrégio Tribunal Regional do Trabalho da __ª Região (ou TST)
    Colenda Câmara
    Eméritos Julgadores

1. RESUMO DA DEMANDA (problema da OAB)

2. DA MANUTENÇÃO DA RESPEITÁVEL SENTENÇA

    2.1 Do Cabimento.....

Fato:

Fundamento:

Conclusão: Por fim, requer que a r. sentença seja mantida no que tange à condenação dos valores pertinentes à (verba), pelos mais puros motivos da JUSTIÇA.

Nestes termos,
Pede deferimento.
Local e data.

Nome, assinatura e OAB do advogado.

Embargos de Declaração

Endereçamento: local em que foi proferida a decisão (*a quo*)

(pular 10 linhas)

Processo nº

Qualificação simples

"B", já qualificado no processo acima descrito, por seu advogado que esta subscreve na RT proposta por "A", inconformado com a respeitável decisão de folhas, vem tempestivamente e respeitosamente à presença de Vossa Excelência opor:

EMBARGOS DE DECLARAÇÃO

com base no art. 897-a da CLT, de acordo com os fatos e fundamentos a seguir expostos.

1. RESUMO DA RESPEITÁVEL SENTENÇA ("resumo da demanda" é mais usual para outros recursos)

2. DO CABIMENTO DOS EMBARGOS DE DECLARAÇÃO

Fato: Os Embargos de Declaração é o meio pelo qual esclarece uma decisão para que eventualmente possa ser interposto um recurso.

Fundamento: Neste contexto, a respeitável sentença de folhas proferida por Vossa Excelência carece de esclarecimento conforme será demonstrado. Nesta situação, o art. 897-A (primeira parte) assegura o direito a este esclarecimento.
    Corroborando com este entendimento o doutrinador ..., em sua obra.., assim aduz...

Conclusão: Desta forma, o presente embargo é o meio cabível para esclarecer e ainda modificar a sentença conforme será abaixo descrito.

3. DO ESCLARECIMENTO DA RESPEITÁVEL SENTENÇA

Fato: A respeitável sentença de folhas foi (exemplo) omissa no pedido de ... pleiteado na RT.

Fundamento: Com o objetivo que possibilita o reexame da matéria pelo juízo *a quo*, os embargos de declaração ora opostos pretendem que este Douto Juízo decida sobre o pedido formulado conforme o art. 897-a da CLT.

Conclusão: Por fim, requer que este Douto Juízo esclareça a omissão apontada para que o embargante possa ingressar com o meio cabível caso necessário.

4. EFEITO MODIFICATIVO (aproveitar para dar efeito de recurso)

Fato: A r. sentença de folhas condenou o embargante ao pagamento de R$..... .

Fundamento: Com o objetivo de celeridade e economia processual, a parte final do art. 897-a possibilita a condição de modificação da r. sentença.
    O entendimento majoritário dos nossos tribunais vai ao encontro da Súmula 278 do Egrégio TST que assegura a possibilidade desta modificação.
    Desta forma requer que a r. sentença de folhas seja modificada excluindo do pagamento do embargante o valor de....

Conclusão: Diante do efeito modificativo, requer a intimação do embargado para apresentar as suas contrarrazões.

Nestes termos,
Pede deferimento.
Local e data.

Nome, assinatura e OAB do advogado.

EXCELENTÍSSIMO SENHOR DOUTOR JUIZ DO TRABALHO DA ___ª VARA DO TRABALHO DA CIDADE DE _____

Processo nº_____.

"B", devidamente qualificado no processo em epígrafe, por seu advogado que esta subscreve, na Reclamação Trabalhista proposta por "A", inconformado com a respeitável decisão de fls. ____, vem tempestiva e respeitosamente perante Vossa Excelência opor:

EMBARGOS DE DECLARAÇÃO,

com base no art. 897-A da CLT, pelos fatos e fundamentos expostos a seguir.

1. RESUMO DA RESPEITÁVEL DECISÃO DE FLS.____

Foi proposta Reclamação Trabalhista por "A" em face de "B" pleiteando o pagamento de horas extras. "B", ora Embargante, contestou o referido pagamento e pediu, em prejudicial de mérito, o reconhecimento da prescrição quinquenal e a consequente extinção do processo com resolução do mérito do período anterior aos últimos cinco anos.

2. DO CABIMENTO DOS EMBARGOS DE DECLARAÇÃO

Conforme mencionado anteriormente, em que pese a empresa "B" tenha pedido em sua contestação o reconhecimento da prescrição quinquenal, ao proferir sentença, este Douto juízo nada mencionou sobre a prescrição.

Nos termos do art. 897-a da CLT, caberá Embargos de Declaração em casos de omissão, obscuridade e contradição no julgado. Como no presente caso este Douto Juízo foi omisso, verifica-se que o presente embargo é o meio cabível para que a respeitável sentença seja esclarecida.

Assim sendo, requer seja esclarecida a omissão da respeitável sentença de fls.____.

3. DO EFEITO MODIFICATIVO

Cumpre ressaltar que a respeitável decisão, além de ter sido omissa, condenou o Embargante ao pagamento das horas extras.

O art. 897-a da CLT, C/C a OJ 142 da SDI do Egrégio TST, permite a obtenção de efeito modificativo no julgado. Inclusive, conforme menciona o saudoso Valentim Carrion, em sua obra *Comentários à Consolidação das Leis do Trabalho* (2006, p. 894), o TST entende que, em razão do efeito modificativo, a parte contrária deve ser intimada para que, sendo sua vontade, se manifeste sobre os Embargos de Declaração.

Assim sendo, requer deste Douto Juízo que aplique o efeito modificativo na decisão, excluindo o Embargante do pagamento das horas extras.

Requer ainda, em razão do efeito modificativo e do próprio Princípio Constitucional do Contraditório, a intimação do Embargado para que apresente suas contrarrazões.

Nestes termos,
Pede deferimento.
Local e data.

Nome, assinatura e OAB do advogado.

RECURSO DE REVISTA (2 peças: de interposição e razões do RR; porém antes de ser interposto é obrigatório o seu prequestionamento através da oposição dos Embargos de prequestionamento, que irá interromper o prazo para interposição do Recurso de Revista**)**

Peça: EMBARGOS DE PREQUESTIONAMENTO

Endereçamento: Excelentíssimo Senhor Doutor Juiz Presidente do Egrégio TRT da __ ª Região.

(pular 10 linhas)

Processo nº

Qualificação simples

"B", já qualificado no processo acima descrito, por seu advogado que esta subscreve, na RT proposta por "A", inconformado com a respeitável decisão de folhas, vem tempestiva e respeitosamente à presença de Vossa Excelência opor:

EMBARGOS DE PREQUESTIONAMENTO

com base no art. 897-a da CLT e na Súmula 297 do TST, pelos fatos e fundamentos a seguir expostos.

1. RESUMO DO VENERANDO ACÓRDÃO (problemas da OAB)

2. PREQUESTIONAMENTO DA MATÉRIA

Fato: Foi proferido o venerando acórdão e antes da interposição do Recurso de Revista busca-se deste Douto Tribunal a modificação da decisão.

Fundamento: A Súmula 297 do Egrégio TST determina a possibilidade do reexame da matéria por este Douto Órgão.
    Entrementes pleiteia-se a reforma da decisão no juízo *a quo* antes da interposição do Recurso de Revista.

Salienta-se que os presentes embargos não têm natureza protelatória tendo em vista que busca-se com esta peça o preenchimento dos requisitos legais para a instrução de um eventual recurso.

Conclusão: Desta forma requer-se que este Douto Tribunal modifique o venerando acórdão excluindo do pagamento o embargante das verbas citadas no venerando acórdão pelos mais puros motivos da JUSTIÇA!

Nestes termos,
Pede deferimento.
Local e data.

Nome, assinatura e OAB do advogado.

Peça de Interposição

Endereçamento: Excelentíssimo Senhor Doutor Juiz Presidente do Egrégio TRT da ___ª Região.

(pular 10 linhas)

Processo nº   .

Qualificação simples

"B", já qualificado no processo acima descrito, por seu advogado que esta subscreve na RT proposta por "A", inconformado com a respeitável decisão de folhas, vem tempestiva e respeitosamente à presença de Vossa Excelência interpor:

RECURSO DE REVISTA

com base no art. 896, alínea "c" (mais comum) da CLT e Súmula 297 do TST, de acordo com as razões em anexo, às quais requer que sejam recebidas e remetidas ao Egrégio T S T.

Seguem os comprovantes das custas e depósito recursal.
A matéria já está devidamente prequestionada conforme Súmula 297 do TST.
O presente recurso está em consonância com a transcendência do 896-a da CLT.
Para encerrar, o presente recurso está em acordo com a Instrução Normativa nº 23/03.

Nestes termos,
Pede deferimento.
Local e data.

Nome, assinatura e OAB do advogado.

(Obs: idêntico ao R. O. com mais 3 características: prequestionamento, transcendência e IN 23/03.)

RAZÕES DO RECURSO DE REVISTA

(pular 2 linhas)

Origem: TRT da ___ ª Região.
Processo nº
Recorrente: "B"
Recorrido: "A"

(pular 2 linhas)

  Egrégio Tribunal Superior do Trabalho
  Colenda Turma! (é julgado em uma das oito turmas)
  Eméritos Ministros

1. RESUMO DO VENERANDO ACÓRDÃO (resumo da demanda) (problemas da OAB, só decisão)

2. REQUISITOS DO RECURSO DE REVISTA ("Dos pressupostos do RR"; "Do Cabimento do RR")

(explicar cada um destes requisitos: livro de direito processual lhe dá os requisitos)

prequestionamento: (já mencionado na interposição; dar mais detalhes)

transcendência: (é o 896-a: são os motivos determinantes para interposição do RR; para a OAB

IN 23/03 (são geralmente motivos jurídicos, porque existe afronta à lei)
    (questões de ordem administrativa: juntada de procuração, ...)

3. PRELIMINAR (normalmente não se tem; sempre refere-se a questão processual) (protesto inconformismo — houve nulidade — vai ter retorno para se sanar o vício)

3.1 Cerceamento de Defesa (exemplificativo)
Fato: fundamento: conclusão:

(parágrafo para fazer ligação com próximo item)

Caso Vossa Excelência entenda não tratar-se de caso de retorno do processo, será abordado a seguir o mérito.

4. DA REFORMA DO VENERANDO ACÓRDÃO (dos motivos da reforma ...)

4.1 Do (Não) Cabimento de tal coisa

Fato: Problema da ordem

Fundamento: Acórdão x Lei: tem que ter jurisprudência, mesmo se colocar lei mais súmula.

Conclusão: Desta forma, diante dos fatos narrados e da legislação exposta, requer a reforma da respeitável decisão, excluindo o pagamento por parte do recorrente pertinente às horas extras (por exemplo).

Requer, ainda, que o presente recurso seja conhecido e provido pelos mais puros motivos de JUSTIÇA.

Nestes termos,
Pede deferimento.
Local e data.

Nome, assinatura e OAB do advogado.

EXCELENTÍSSIMO SENHOR DOUTOR JUIZ PRESIDENTE DO EGRÉGIO TRIBUNAL REGIONAL DO TRABALHO DA ____ª REGIÃO

Processo nº _____/_____

RECORRENTE, devidamente qualificado nos autos da reclamação trabalhista em epígrafe, por seu advogado que esta subscreve, na reclamação trabalhista proposta por RECORRIDO, inconformada com o venerando acórdão de folhas ___, vem tempestiva e respeitosamente à presença de Vossa Excelência interpor

RECURSO DE REVISTA

com fulcro no art. 896, alínea "c" da CLT, de acordo com as razões em anexo, as quais requer que sejam recebidas e remetidas ao Egrégio Tribunal Regional do Trabalho da ___ª Região, seguindo em anexo os comprovantes das custas e depósito recursal, devidamente recolhidos.

A matéria abordada nas razões está devidamente prequestionada, conforme Súmula nº 297 do TST.

O presente recurso está em consonância com a transcendência descrita no art. 896-a da CLT.

O presente recurso está de acordo com a Instrução Normativa nº 23/03.

Nestes termos,
Pede deferimento.
Local e data.

Nome, assinatura e OAB do advogado.

RAZÕES DE RECURSO DE REVISTA

Origem: ___ Tribunal Regional do Trabalho da ___ª Região.
Processo nº _____/_____
Recorrente:_____
Recorrido:_____

Egrégio Tribunal Superior do Trabalho
Colenda Turma
Eméritos Julgadores

1. RESUMO DA DEMANDA

Em acórdão o Egrégio Tribunal Regional do Trabalho da ___ª Região, determinou o pagamento de hora extra ao recorrido pelo recorrente.

Ocorre que o recorrido trabalhava em regime parcial e exercia atividade externa da empresa.

2. DO CABIMENTO DE RECURSO DE REVISTA

O presente recurso no que tange em sua matéria já foi prequestionado, conforme Súmula 297 do TST, ou seja, a recorrente buscou reformar de todas as maneiras legais o venerando acórdão de folhas ____. Só restando o Recurso de Revista para o reexame da matéria.

Nesta esteira, a transcendência do art. 896-a da CLT está respeitada, tendo em vista que a matéria não está pacífica neste Tribunal, acarretando insegurança jurídica para as partes.

Ressalta-se ainda que o presente recurso de revista está em conformidade com a Instrução Normativa nº 23/03 em todos os seus aspectos.

Por derradeiro, cumpre ressaltar a este Douto Tribunal, que o preparo foi devidamente recolhido pela recorrente e o recurso é tempestivo.

Diante dos pressupostos recursais preenchidos, abaixo será abordado o mérito da ação.

3. DOS MOTIVOS QUE O VENERANDO ACÓRDÃO

3.1- Do Não Cabimento de Hora Extra ao Recorrido

O venerando acórdão determinou que o recorrente pagasse hora extra ao recorrido. No entanto, este trabalha em regime parcial e exercia atividade externa da empresa.

Neste sentido, o art. 62, inciso I da CLT, traz a hipótese de trabalhadores excluídos da proteção normal da jornada de trabalho, sendo-lhes incabido a caracterização de horas extras.

É o que corrobora os fatos já expostos.

Não obstante a esses argumentos supracitados, segue a lição de Sérgio Pinto Martins, em sua obra *Direito do Trabalho*, 24ª edição, Atlas, p. 488:

> *"O que interessa é que existia incompatibilidade entre a natureza da atividade exercida pelo empregado e a fixação de seu horário de trabalho".*

Desta forma, requer a reforma do venerando acórdão de folhas ____, excluindo do pagamento o recorrente no que tange ao instituto das horas extras.

Por fim, requer que o presente recurso seja conhecido e provido, pelos mais puros motivos da
JUSTIÇA!

Nestes termos,
Pede deferimento.
Local e data.

Nome, assinatura e OAB do advogado.

Agravo de Instrumento (2 peças: interposição e razões de Agravo de Instrumento)

Endereçamento: Excelentíssimo Senhor Doutor Juiz do Trabalho da _ª VT de __
Excelentíssimo Senhor Doutor Juiz Presidente do Egrégio TRT da __ª Região.
Excelentíssimo Senhor Doutor Ministro Presidente do Egrégio TST.

(pular 10 linhas)

Processo nº

Qualificação simples

"B", já qualificado no processo acima descrito, por seu advogado que esta subscreve, na RT proposta por "A", inconformado com a respeitável decisão que denegou seguimento ao R. O. para o Egrégio TRT da __ª Região, vem tempestiva e respeitosamente à presença de Vossa Excelência interpor:

AGRAVO DE INSTRUMENTO

com base no art. 897, alínea "b" da CLT, de acordo com as razões em anexo, às quais requer que sejam recebidas e remetidas ao Egrégio TRT da Região (ou TST).

Em atendimento ao art. 897, alínea "b", § 5º, incisos I e II da CLT, seguem as cópias abaixo descritas:

I – (fazer cópia literal do inciso I, atentando para sua parte final quanto ao depósito recursal e custas:
– se reclamante com Justiça gratuita, não por nada, pois não precisa de ambas;
– se reclamante sem Justiça gratuita, colocar só custas;
– se empresa falida, também não paga nada.

II – facultativas (colocar somente assim, caso não tenha sido descrito nada para pôr)
(se empregado c/ Justiça gratuita, colocar "cópia da sentença que concede")
(se empresa falida, colocar "cópia da sentença da falência")

Nestes termos,
Pede deferimento.
Local e data.

Nome, assinatura e OAB do advogado.

RAZÕES DE AGRAVO DE INSTRUMENTO

(pular 2 linhas)

Origem: __ª VT de _____
Processo nº
Agravante: "B"
Agravado: "A"

(pular 2 linhas)

Egrégio Tribunal Regional do Trabalho da __ª Região (E.TST)
(Excelso STF)
Colenda Turma (ínclitos ministros)
Doutos Julgadores (doutos ministros)

1. RESUMO DA DEMANDA (problemas da OAB)

2. DO CABIMENTO DO AGRAVO DE INSTRUMENTO

Fato: ...que é o meio cabível...

Fundamento: ...art. 897, "b" da CLT...

Conclusão: ...preenche os requisitos, requer apreciação

3. DOS MOTIVOS DA REFORMA DA RESPEITÁVEL DECISÃO QUE DENEGOU SEGUIMENTO AO RECURSO ORDINÁRIO (exemplos: pode ser em decorrência de isenção de custas, falência, prazo, preparo)

Fato:

Fundamento:

Conclusão: Desta forma, requer a reforma da respeitável decisão de folhas, encaminhando o presente recurso à mesa de julgamento deste

Douto Tribunal e que seja analisado os seus pressupostos e mérito e que ocorra o julgamento do recurso ordinário que foi negado.

Requer, ainda, que o presente recurso seja conhecido e provido pelos mais puros motivos de JUSTIÇA.

Nestes termos,
Pede deferimento.
Local e data.

Nome, assinatura e OAB do advogado.

Embargos de divergência (só para dissídios individuais; quando decisões entre turmas forem divergentes ou entre turma e SDI; deve constar os dois acórdãos: o que se pretende mudar é o da outra turma)

Endereçamento: Excelentíssimo Senhor Doutor Ministro Presidente da Colenda Turma do Egrégio TST.

(pular 10 linhas)

Processo nº

Qualificação simples

"B", já qualificado no processo acima descrito, por seu advogado que esta subscreve, na RT proposta por "A", inconformado com o venerando acórdão de folhas, vem tempestiva e respeitosamente à presença deste Douto Tribunal interpor:

EMBARGOS DE DIVERGÊNCIA

com base no art. 894 da CLT e Lei 7.701/88, art. 3º, inciso III, alínea "b", de acordo com as razões em anexo, as quais requer que sejam recebidas e remetidas ao Egrégio SDI do Colendo TST.

Seguem os comprovantes das custas e depósito recursal.

Nestes termos,
Pede deferimento.
Local e data.

Nome, assinatura e OAB do advogado.

RAZÕES DE EMBARGOS DE DIVERGÊNCIA

(pular 2 linhas)

Origem: __ª Turma do Egrégio TST.
Processo nº
Embargante: "B"
Embargado: "A"

(pular 2 linhas)

    Egrégio Tribunal Superior do Trabalho
    Colenda SDI
    Doutos Ministros

1. RESUMO DA DEMANDA (problemas da OAB)

2. DOS MOTIVOS DA REFORMA DO VENERANDO ACÓRDÃO

Fato: O venerando acórdão de folhas condenou o embargante...

Fundamento: (Acórdão 1 X Acórdão 2)
O respeitável acórdão de folhas condenou o embargante ao pagamento da verba "x" nos seguintes termos:

    "......(colocar termo da decisão como se fosse uma jurisprudência)....."

Ocorre que o referido acórdão acima descrito não poderá prosperar tendo em vista que ele não é a decisão majoritária deste Douto Tribunal. Em pedidos parecidos noutra ação sob número...., a __ª Turma do TST assim decidiu:

    "......(acórdão que vai ao encontro de sua tese)....."

Nesse sentido, fica clara a divergência entre as turmas do Egrégio TST; este fato não condiz com a natureza deste Tribunal que é exatamente uniformizar a jurisprudência com a finalidade de garantir a paz social e segurança jurídica.

Conclusão: Por derradeiro, requer a reforma do venerando acórdão com o objetivo de excluir o embargante do pagamento da verba "x".

Desta maneira, o assunto ficará pacificado por este Douto Tribunal.

Requer, ainda, que o presente recurso seja conhecido e provido pelos mais puros motivos de JUSTIÇA.

Nestes termos,
Pede deferimento.
Local e data.

Nome, assinatura e OAB do advogado.

EXCELENTÍSSIMO SENHOR DOUTOR MINISTRO PRESIDENTE DA COLENDA TURMA DO EGRÉGIO TRIBUNAL SUPERIOR DO TRABALHO

Processo nº _____/_____

RECORRIDO, devidamente qualificado nos autos da reclamação trabalhista em epígrafe, por seu advogado que esta subscreve, na reclamação trabalhista proposta em face do RECORRENTE, vem tempestiva e respeitosamente à presença de Vossa Excelência apresentar

CONTRARRAZÕES DE EMBARGOS DE DIVERGÊNCIA

com fulcro no art. 900 da CLT, de acordo com as razões em anexo, as quais requer que sejam recebidas e remetidas à Egrégia Seção de Dissídios Individuais deste Douto Tribunal.

Nestes termos,
Pede deferimento.
Local e data.

Nome, assinatura e OAB do advogado.

CONTRARRAZÕES DE EMBARGOS DE DIVERGÊNCIA

Origem: __ª Turma do Tribunal Superior do Trabalho.
Processo nº
Recorrido:
Recorrente:

Egrégio Tribunal Superior do Trabalho
Colenda SDI
Eméritos Julgadores

1. RESUMO DA DEMANDA

Foi proferido acórdão pela Turma deste Egrégio Tribunal que está em consonância com a Súmula 392 deste Douto Tribunal.

No entanto, a recorrente interpôs recurso contra o acórdão o qual foi conhecido sendo o recorrido intimado para apresentar sua defesa.

2. DO NÃO CABIMENTO DOS EMBARGOS DE DIVERGÊNCIA

O venerando acórdão proferido pela Turma deste Egrégio Tribunal está de acordo com a Súmula 392 deste Douto Tribunal, em concordância com a legislação trabalhista.

Neste sentido, o art. 894, inciso II da CLT, corrobora com entendimento enunciando que somente é cabível a interposição de Embargos de Divergência caso estes não estejam em consonância com Súmula ou Orientação Jurisprudencial do TST e STF, o que não ocorre neste caso.

O acórdão proferido está corretamente baseado em Súmula deste Douto Tribunal, fato que impossibilita a interposição de recurso ora contrarrazoado.

Consoante com esse entendimento, a Lei nº 7.701/88, em seu art. 3º, inciso III, alínea "b", reafirma o disposto no artigo da CLT supramencionado.

Outrossim, a Súmula 392 deste Douto Tribunal está ligada com a recente alteração introduzida pela Emenda Constitucional nº 45/04 que ampliou a competência da Justiça do Trabalho para dirimir controvérsias referentes à indenização por dano moral quando decorrente da relação de trabalho.

Desta forma, requer que o venerando acórdão seja mantido, pois não houve qualquer violação à lei ou jurisprudência, ou súmula.

Pelo exposto, requer que o presente não seja conhecido por não preencher o pressuposto de admissibilidade disposto no art. 894, inciso II da CLT, pelos mais puros motivos da

JUSTIÇA!

Neste termos,
Pede deferimento.
Local e data.

Nome, assinatura e OAB do advogado.

Embargos Infringentes (só cabe no TST; na SDColetivos)

Endereçamento: Excelentíssimo Senhor Doutor Ministro Presidente da Colenda SDColetivos do Egrégio TST.

(pular 10 linhas)

Processo nº   .

Qualificação simples "B", já qualificado no processo acima descrito, por seu advogado que esta subscreve, inconformado com a respeitável sentença normativa de folhas, vem tempestiva e respeitosamente à presença de Vossa Excelência interpor:

EMBARGOS INFRINGENTES

com base na Lei 7.701/88, art. 2º, inciso II, alínea "c", de acordo com as razões em anexo, as quais requer que sejam recebidas e julgadas (vai p/ mesmo local) por esta Douta SDColetivos do Egrégio TST.

(Dissídio coletivo NÃO tem preparo, apenas custas)

Nestes termos,
Pede deferimento.
Local e data.

Nome, assinatura e OAB do advogado.

RAZÕES DE EMBARGOS INFRINGENTES

(pular 2 linhas)

Origem: SDC do Egrégio TST.
Processo nº
Embargante: "B"
Embargado: "A"

(pular 2 linhas)

    Egrégio Tribunal Superior do Trabalho
    Colenda SDColetivos
    Doutos Ministros

1. RESUMO DA DEMANDA (problemas da OAB)

2. DOS MOTIVOS DA REFORMA DA RESPEITÁVEL SENTENÇA NORMATIVA

Fato: (possível caso de greve; se é ou não abusiva)

Fundamento: Lei 7.783/89, greve

Conclusão: ...pedir reforma

    Requer, ainda, que o presente recurso seja conhecido e provido pelos mais puros motivos de JUSTIÇA.

Nestes termos,
Pede deferimento.
Local e data.

Nome, assinatura e OAB do advogado.

AGRAVO REGIMENTAL (para destrancar recurso que foi denegado recurso no juízo *ad quem*, dentre outros)

End: Excelentíssimo Senhor Doutor Ministro Presidente da Colenda Turma do Egrégio TST (imaginando A.R em que o Recurso Revista foi denegado)

(pular 10 linhas)

Processo n°

Qualificação simples "B", já qualificado no processo acima descrito, por seu advogado que esta subscreve, na RT proposta por "A" inconformado com o respeitável acórdão que denegou seguimento ao Recurso de Revista, vem tempestiva e respeitosamente à presença de Vossa Excelência interpor:

AGRAVO REGIMENTAL

com base na Lei 7.701/88, art. 5°, alínea "c", de acordo com as razões em anexo, as quais requer que sejam recebidas e julgadas (vai p/ mesmo local) por esta Douta Turma do Egrégio TST.

(NÃO tem preparo, como Agr. Instrumento)

Nestes termos,
Pede deferimento.
Local e data.

Nome, assinatura e OAB do advogado.

RAZÕES DO AGRAVO REGIMENTAL

(pular 2 linhas)

Origem: Turma do Egrégio TST
Processo nº
Agravante: "B"
Agravado: "A"

(pular 2 linhas)

>Egrégio Tribunal Superior do Trabalho
>Colenda Turma
>Doutos Ministros

1. RESUMO DA DEMANDA (problemas da OAB)

2. DOS MOTIVOS DA REFORMA

Fato: Fundamento: base legal

Conclusão: Desta forma requer a reforma da decisão que denegou seguimento ao recurso de revista e que ocorra o imediato julgamento do mesmo por esta Douta Turma.

Requer, ainda, que o presente recurso seja conhecido e provido pelos mais puros motivos de JUSTIÇA.

>Nestes termos,
>Pede deferimento.
>Local e data.

>Nome, assinatura e OAB do advogado.

RECURSO EXTRAORDINÁRIO

End: Excelentíssimo Senhor Doutor Ministro Presidente do Egrégio TST.

(pular 10 linhas)

Processo nº

Qualificação simples "B", já qualificado no processo acima descrito, por seu advogado que esta subscreve, na RT proposta por "A" inconformado com o respeitável acórdão de folhas, vem tempestiva e respeitosamente à presença de Vossa Excelência interpor:

RECURSO EXTRAORDINÁRIO

com base no art. 102, inciso III da Constituição Federal, de acordo com as razões em anexo, as quais requer que sejam recebidas e remetidas ao Excelso STF.

Seguem os comprovantes das custas e depósito recursal.

Nestes termos,
Pede deferimento.
Local e data.

Nome, assinatura e OAB do advogado.

RAZÕES DO RECURSO EXTRAORDINÁRIO

(pular 2 linhas)

Origem: TST.
Processo nº
Recorrente: "B"
Recorrido: "A"

(pular 2 linhas)

    Excelso SFT
    Ínclitos Ministros

1. RESUMO DA DEMANDA (problemas da OAB)

2. DO CABIMENTO DO RECURSO EXTRAORDINÁRIO

Fato: Falar que é matéria constitucional

Fundamento: art. 102, III, CF
    falar da repercussão geral do art. 543-a § 1º CPC (não se pode retirar direitos constitucionais, por exemplo: A. Prévio empregado não recebeu, não pagar 1/3 férias)

Conclusão: ... é o meio cabível....

3. DOS MOTIVOS DA REFORMA

Fato: Algum direito constitucional lesado.

Fundamento: Usar só CF mais súmula STF (se houver).

Conclusão: Desta forma requer a reforma da decisão que denegou seguimento ao recurso de revista e que ocorra o imediato julgamento do mesmo por esta Douta Turma

Requer, ainda, que o presente recurso seja conhecido e provido pelos mais puros motivos de JUSTIÇA.

Nestes termos,
Pede deferimento.
Local e data.

Nome, assinatura e OAB do advogado.

PEDIDO DE REVISÃO (p/ reformar decisão interlocutória que arbitrou valor da causa em audiência; prazo 48 hs; não houve sentença; natureza jurídica de recurso)

End: Excelentíssimo Senhor Doutor Juiz do Trabalho da __ª Vara do Trabalho de _____ .

(pular 10 linhas)

Processo nº

Qualificação simples   "A", já qualificado no processo acima descrito, por seu advogado que esta subscreve, na RT proposta em face de "B", inconformado com a respeitável decisão interlocutória que arbitrou o valor da causa, vem tempestiva e respeitosamente à presença de Vossa Excelência interpor:

PEDIDO DE REVISÃO DO VALOR DA CAUSA

com base na Lei 5.584/70, art. 2º, § 2º, de acordo com as razões em anexo, as quais requer que sejam recebidas e remetidas ao Egrégio TRT da   Região.

(NÃO tem preparo)

Nestes termos,
Pede deferimento.
Local e data.

Nome, assinatura e OAB do advogado.

RAZÕES DO PEDIDO DE REVISÃO

(pular 2 linhas)

Origem: __ª VT de
Processo nº
Recorrente: "B"
Recorrido: "A"

(pular 2 linhas)

    Egrégio Tribunal Regional do Trabalho da __ª Região
    Colenda Turma
    Doutos Julgadores

1. RESUMO DA DEMANDA (problemas da OAB)

2. DOS MOTIVOS DA REFORMA DA RESPEITÁVEL DECISÃO

Fato: Em audiência concluída pelo Douto Juízo de 1ª instância, conforme cópia de ata que segue em anexo, foi determinado um valor da causa diferente daquele arbitrado na inicial (cópia também em anexo).

Fundamento: Com base na Lei 5.584/70, art. 2º, § 2º, o tribunal tem a competência para revisar a decisão interlocutória proferida pelo Douto Juízo de 1ª instância, que é uma das exceções da Súmula 214 do TST.
    Neste sentido, o Professor...

Conclusão: Por fim, requer a reforma da decisão proferida em 1ª instância mantendo o valor da causa apontado na inicial.

    Requer, ainda, que o presente recurso seja conhecido e provido pelos mais puros motivos de JUSTIÇA.

Nestes termos,
Pede deferimento.
Local e data.

Nome, assinatura e OAB do advogado.

Ação de Consignação em Pagamento (natureza jurídica de ação)

End: Vara do Trabalho

(pular 10 linhas)

Qualificação completa: 1 consignante (geralmente empregador)
2 advogado
3 P R O P O R Ação de Consignação em Pagamento com base nos arts. 890 e 282 do CPC, subsidiariamente utilizados conf. o art. 769 da CLT
4 consignado (empregado, 11 itens)

1. RESUMO DOS FATOS ...que houve uma recusa em receber... (valor ou objeto).

2. DO CABIMENTO DA CONSIGNAÇÃO EM PAGAMENTO

Fato: Problema da OAB

Fundamento: art. 114 da CF, fazer menção à EC 45/04; relação de emprego, competência da Justiça do Trabalho.

Conclusão: ...é o meio cabível.

3. (DOS MOTIVOS) DA CONSIGNAÇÃO EM PAGAMENTO

Fato: O consignado recusou-se a receber valores pertinentes a uma prestação de serviços.

Fundamento: Em decorrência de tal fato os arts. 890 e seguintes do CPC determinam que poderá ser feito o depósito dos valores numa conta vinculada do consignado. No caso específico trabalhista o depósito poderá ser feito na conta vinculada do fundo de garantia (mais doutrina).

Conclusão: Portanto, requer a concessão da liminar determinando o depósito dos valores em até cinco dias contados deste deferimento ou, a critério de Vossa Excelência, que seja marcada uma audiência e nesta os valores serão pagos.

4. PEDIDO

Requer a procedência da ação nos seguintes termos.

4.1 Concessão da liminar determinando o depósito dos valores em até cinco dias.
4.2 Para que marque uma audiência para efetuar o pagamento dos valores.
4.3 Que a reclamada seja condenada ao pagamento das custas.

4. REQUERIMENTOS FINAIS

Requer-se, ainda, que a notificação do consignado para que querendo apresente sua defesa em audiência e, caso não a faça, que seja declarada sua revelia e lhe seja aplicada a pena de confissão.

Alega provar os fatos por todos os meios de prova admitidos no Direito.

Dá-se à causa o valor de R$ (valor por extenso).
Nesses termos, pede deferimento.

Nestes termos,
Pede deferimento.
Local e data.

Nome, assinatura e OAB do advogado.

Reclamação Correicional (p/ apurar atos atentatórios, abusivos, do juiz). Depende da questão p/ saber se é esta (exemplo: ...apresente o meio cabível para apurar o ato do juiz) ou MS (ajuíze o meio cabível em prol do seu cliente)

End: Excelentíssimo Senhor Doutor Corregedor do Egrégio TRT da ___ª Região (se for ato da VT ou TRT)
Excelentíssimo Senhor Doutor Corregedor do Egrégio TST (se for ato do TST)

(pular 10 linhas)

Qualificação completa: 1 Requerente (11 itens)
2 advogado
3 P R O P O R Ação Correicional com base no art. 709, II da CLT
4 Requerido (MM Juiz ou Senhor Diretor da Secretaria da ___ª Vara do Trabalho; sem endereço)

1. RESUMO DOS FATOS ...que houve uma recusa em receber... (valor ou objeto).

2. DO ATO ATENTATÓRIO

Fato: O nobre magistrado, ora requerido, que deveras vezes foi notificado através de petições para que se pronunciasse (sobre bem de terceiros, liminar) sobre o caso, até a presente data não o fez.

Fundamento: Conforme o art. 709, inciso II da CLT, este determina a possibilidade de verificação dos atos do requerido por esta Corregedoria.
Cumpre ressaltar que a demora no provimento traz prejuízo ao requerente pois o bem penhorado (exemplo do embargo e 3º) o mesmo quer se desfazer e não pode.
mais doutrina

Conclusão: Desta forma requer a apuração dos atos cometidos pelo requerido no julgamento da Reclamação Trabalhista nº que se encontra na __ª Vara do Trabalho e que o mesmo seja notificado para apresentar sua defesa.

Nestes termos,
Pede deferimento.
Local e data.

Nome, assinatura e OAB do advogado.

Execução de Título Executivo Extrajudicial (os mais usuais: acordos CCP; cheques; contratos não cumpridos que tenham duas assinaturas; Termo de Ajustamento de Conduta firmado no MPT)

End: Excelentíssimo Senhor Doutor Juiz do Trabalho da __ª Vara do Trabalho de _____ (para juiz que teria competência para o processo de conhecimento relativo à matéria, 877-a)

(pular 10 linhas)

Qualificação completa: 1 Exequente (geralmente empregador)
    2 advogado
    3 P R O P O R Execução de Título Executivo Extrajudicial com base no art. 876 da CLT
    4 em face do Executado (empresa)

1. RESUMO DOS FATOS ...tem acordo na CCP que não foi cumprido.

2. DA EXECUÇÃO DEFINITIVA

Fato: O acordo firmado na CCP determinou um pagamento de R$

Fundamento: Tal acordo está em consonância com os arts. 625-a e seguintes da CLT e uma vez firmado é um título executivo extrajudicial de eficácia plena (não se ingressa + c/ RT)
    Diante da inadimplência do executado, o art. 876 da CLT determina que este título pode ser executável e a competência é da Justiça do Trabalho.

Conclusão: Desta forma, requer a expedição do mandado de penhora, e que o executado em 48 horas pague ou nomeie bens, e caso não o faça, que seja feita sua penhora, que a critério de Vossa Excelência pode ser *on-line*.

3. PEDIDO

    Requer a procedência da ação nos seguintes termos:

    3.1 Expedição do mandado de penhora e que o executado em 48 horas pague ou nomeie bens sob pena de penhora.

3.2 Que o executado seja condenado ao pagamento das custas.

4. REQUERIMENTOS FINAIS

Requer-se, ainda, que a citação do executado para que querendo apresente embargos à execução e, caso não a faça, que seja declarada sua revelia e lhe seja aplicada a pena de confissão.

Alega provar os fatos por todos os meios de prova admitidos no Direito.

Dá-se à causa o valor de R$ (valor por extenso).

Nestes termos,
Pede deferimento.
Local e data.

Nome, assinatura e OAB do advogado.

Ação Cautelar Inominada (para dar efeito suspensivo a um recurso) Como pode ser questionado: Interposto recurso, ajuíze o meio cabível para dar efeito suspensivo a ele; ....para evitar a execução.

End: Excelentíssimo Senhor Doutor Juiz Presidente da Colenda Turma do Egrégio TRT da ___ª Região. (Se for R.O.)
　　　Excelentíssimo Senhor Doutor Ministro Presidente da Colenda Turma do Egrégio TST. (Se for R.R.)
　　　Excelentíssimo Senhor Doutor Ministro Presidente da Colenda SDI do Egrégio TST. (Se for Emb. Divergência)

(pular 10 linhas)

Distribuição por dependência.
Processo nº
Qualificação completa: 1 Requerente
　　　　　　　　　　 2 advogado
　　　　　　　　　　 3 P R O P O R Ação Cautelar Inominada com base no art. 796 do CPC e Súmula 414, I do TST
　　　　　　　　　　 4 Requerido

1. RESUMO DOS FATOS

2. DO CABIMENTO DA AÇÃO CAUTELAR INOMINADA

Fato: ...que existe recurso que só foi recebido no efeito devolutivo.

Fundamento: art. 796 do CPC, Poder Geral de Cautela.

Conclusão: ...é o meio cabível para a presente situação.

3. DO EFEITO SUSPENSIVO AO RECURSO

Fato: O Recurso Ordinário está na ___ª Turma do TRT e por si só não inibe a possibilidade de suspensão da execução.

Fundamento: A Súmula 414, I do Egrégio TST, traz a possibilidade de concessão do efeito suspensivo ao recurso que será concedido através de uma liminar.

FBI: .. caracterizado na legislação acima exposta.

Periculum in mora: é a necessidade de tutela de urgência por parte deste Douto Juízo.

Conclusão: Desta forma, requer a concessão da liminar suspendendo a execução até o trânsito em julgado da ação principal.

4. PEDIDO

Requer a procedência da ação nos seguintes termos.

3.1 Colocar pedidos formulados.

5. REQUERIMENTOS FINAIS

Requer-se, ainda, que a notificação da requerida para que querendo apresente defesa e, caso não a faça, que seja declarada sua revelia e lhe seja aplicada a pena de confissão.

Alega provar os fatos por todos os meios de prova admitidos no Direito.

Dá-se à causa o valor de R$ (valor por extenso).

Nestes termos,
Pede deferimento.
Local e data.

Nome, assinatura e OAB do advogado.

Exceção de Pré-executividade (antes da penhora, para pará-la, proposta pelo executado, alega questão de ordem pública, exemplo: falta de citação; natureza incidental)

End: Vara do Trabalho

(pular 10 linhas)

Processo nº

Qualificação simples: 1 Executado
                          2 advogado
                          3 OPOR Exceção de Pré-executividade com base na Súmula 397 do TST
                          4 Exequente

1. RESUMO DOS FATOS

2. DO CABIMENTO DA EXCEÇÃO (sempre tem caráter processual)

Fato: ...possível evitar penhora

Fundamento: S.397 TST

Conclusão: único meio cabível...

3. DO NÃO CABIMENTO DA PENHORA

    3.1 Cerceamento de Defesa (matéria de ordem pública)

Fato: Problema da OAB

Fundamento: arts. 5º, LV CF + 794 E 795 CLT (nulidades)

Conclusão: Por fim, requer a nulidade processual dos atos posteriores ao não cumprimento da intimação devendo o processo retroagir ao momento da nulidade, desta forma que não seja feita a penhora.

Nestes termos,
Pede deferimento.
Local e data.

Nome, assinatura e OAB do advogado.

Embargos à Execução (momento processual de até cinco dias após a penhora; natureza da ação)

End: Vara do Trabalho

(pular 10 linhas)

Processo nº

Qualificação simples: Executada, já qualificada nos autos acima descrito, por seu advogado que esta subscreve, na RT proposta pelo exequente, vem PROPOR Embargos à Execução com base no art. 884 da CLT, consubstanciado nos motivos de fato e de direito a seguir expostos.

1. RESUMO DA EXECUÇÃO

2. DO CABIMENTO (se quiser)

Fato:

Fundamento: art. 884 CLT

Conclusão: único meio cabível...

3. DA PRESCRIÇÃO INTERCORRENTE (ou excesso de penhora ou penhorou bem de família)

Fato: Processo parado há mais de 2 anos...

Fundamento: Súmula 327 do STF (Súmula 114 TST diz ao contrário, não usar).

Conclusão: ...que seja aplicada a prescrição intercorrente com resolução de mérito.

4. PEDIDO

   Pedir procedência... aplicada a prescrição intercorrente com resolução de mérito

5. REQUERIMENTOS FINAIS

    Requer a intimação da exequente para apresentar a sua impugnação aos embargos e caso não o faça que seja declarada a sua revelia e lhe seja aplicada a pena de confissão.

    Que a exequente seja condenada ao pagamento das custas.

    Alega provar os fatos por todos os meios de prova admitidos no Direito.

    Dá-se à causa o valor de R$ (valor por extenso da penhora).

Nestes termos,
Pede deferimento.
Local e data.

Nome, assinatura e OAB do advogado.

Embargos de Terceiro (natureza de ação; é o ex, ex-sócio, ex-marido,...; art. 1.046 do CPC, qualificação completa do embargante que é geralmente pessoa física)

End: Excelentíssimo Senhor Doutor Juiz do Trabalho da ___ª Vara do Trabalho de _____

(pular 10 linhas)

Processo nº

 Embargante, nacionalidade, estado civil, profissão, com RG nº, expedido pela SSP/ na data de, com CPF/MF nº, nascido aos dias, residente e domiciliado na rua, nº, bairro, cidade, Estado e CEP, por seu advogado que esta subscreve, com endereço profissional na rua, nº, bairro, cidade, Estado e CEP, onde deverá receber as intimações (procuração em anexo), vem tempestiva e respeitosamente propor:

EMBARGOS DE TERCEIRO

com base no art. 1.046 do CPC, utilizado subsidiariamente conforme art. 769 da CLT, em virtude de penhora efetuada em decorrência de RT proposta por "A" em face de "B", já qualificados no processo acima descrito, consubstanciado nos motivos fato e fundamento a seguir expostos.

1. RESUMO DA EXECUÇÃO

2. DO CABIMENTO DOS EMBARGOS (é bom, pois não se trata de peça de legislação trabalhista)
 art. 1.046 CPC

3. DA PENHORA INDEVIDA

Fato: Ex: sócio.

Fundamento: Art.1.002 do CC

Conclusão: Por derradeiro, requer deste Douto Juízo a expedição do mandado de manutenção (ou restituição), anulando a penhora efetuada e a exclusão do embargante da lide.

4. PEDIDO

Pedir procedência...

5. REQUERIMENTOS FINAIS

Requer a notificação do exequente e do executado para, caso queiram, apresentem suas contestações e, caso não o façam, que seja declarada suas revelias e lhes seja aplicada a pena de confissão.

Que a exequente seja condenada ao pagamento das custas.

Alega provar os fatos por todos os meios de prova admitidos no Direito.

Dá-se à causa o valor de R$ (valor por extenso da penhora).

Nestes termos,
Pede deferimento.
Local e data.

Nome, assinatura e OAB do advogado.

Impugnação à Sentença de Liquidação (em cinco dias da intimação da penhora, proposta pelo exequente, cabe ainda na sentença de liquidação ou mesmo após a penhora, sendo que ainda neste momento pode-se discutir o cálculo da liquidação; exemplo: bens penhorados sem potencial de venda; não tem valor da causa e segue art. 282 do CPC, pois tem natureza de ação)

End: Excelentíssimo Senhor Doutor Juiz do Trabalho da ___ª Vara do Trabalho de _____.

Qualificação simples: Exequente, já qualificado no processo acima descrito, por seu advogado que esta subscreve, na RT proposta em face do executado, em virtude da penhora realizada nos autos, vem tempestiva e respeitosamente à presença de Vossa Excelência propor:

IMPUGNAÇÃO À SENTENÇA DE LIQUIDAÇÃO

com base no art. 884, parte final da CLT, consubstanciado nos motivos de fato e de direito a seguir expostos.

1. RESUMO DOS FATOS

2. DO CABIMENTO DA IMPUGNAÇÃO

Fato: Houve uma penhora na qual o exequente não concorda...

Fundamento: Art. 884, parte final, da CLT.

Conclusão: É o meio cabível

3. DOS MOTIVOS DO REFORÇO DA PENHORA
                       (DOS MOTIVOS DA ANULAÇÃO DA PENHORA;
                       DOS MOTIVOS DA SUBSTITUIÇÃO DO BEM)

Fato: Exemplo: supor que bem de família foi penhorado...

Fundamento: Lei 8.009/90

Conclusão: Por fim, requer que a referida penhora seja anulada e que ocorra uma nova penhora de um outro bem.

4. PEDIDO

Diante do exposto requer a procedência da presente nos seguintes termos:
4.1 O reforço (ou substituição) do bem.
4.2 (pode pedir nova penhora).

5. REQUERIMENTOS FINAIS

Requer a intimação do executado para, caso queira, apresente sua manifestação.

NÃO tem revelia, confissão e valor da causa.

Que o executado seja condenado ao pagamento das custas.
Alega provar os fatos por todos os meios de prova admitidos no Direito.

Neste termos,
Pede deferimento.
Local e data.

Nome, assinatura e OAB do advogado.

AGRAVO DE PETIÇÃO (cabível de qualquer decisão que termine a execução, inclusive na fase de liquidação da sentença; único recurso recebido no duplo efeito; principal característica: delimitar a matéria e delimitar o valor impugnado)

End: Excelentíssimo Senhor Doutor Juiz do Trabalho da ___ª Vara do Trabalho de _____

Processo nº

"A", já qualificado nos autos acima descrito, por seu advogado que esta subscreve, inconformado com a respeitável decisão de folhas, vem tempestiva e respeitosamente à presença de Vossa Excelência interpor:

AGRAVO DE PETIÇÃO

com base no art. 897, "a" da CLT, de acordo com as razões em anexo, as quais requer que sejam recebidas e remetidas ao Egrégio TRT.

(custas serão recolhidas ao final, art. 789 "a")

Delimitação da matéria: ex.: Prescrição intercorrente
(uma das sete teses dadas pelo prof que poderão ser abordadas na execução)
Ofensa à coisa julgada
Cerceamento de defesa; base de cálculo errado

Delimitação dos valores: ex.: Honorários pelo perito, ou pelo exequente, ou executado.
(se o problema lhe trouxer números ex.: honorários periciais)

Obs.: Pode se ter as duas delimitações ou apenas uma, neste caso, colocar as duas e deixar em branco a que não tiver)

Nestes termos,
Pede deferimento.
Local e data.

Nome, assinatura e OAB do advogado.

RAZÕES DE AGRAVO DE PETIÇÃO

Origem: ___ª VT de
Processo nº
Agravante: "A"
Agravado: "B"

(pular 2 linhas)

Egrégio Tribunal Regional do Trabalho da ___ª Região
Colenda Turma
Doutos Julgadores

1. RESUMO DA EXECUÇÃO (problemas da OAB)

2. DO CABIMENTO DO AGRAVO

Fato: Problema da OAB

Fundamento: Nos moldes do art. 897, "a", § 1º, da CLT, é requisito essencial para o Agravo de Petição a delimitação da matéria e dos valores assim determinados:
 – delimitação da matéria;
 – delimitação dos valores.

Conclusão: Diante dos pressupostos processuais preenchidos, requer o devido processamento do recurso e o seu provimento como será demonstrado abaixo.

3. DOS MOTIVOS DA REFORMA DA RESPEITÁVEL SENTENÇA

Fato: Problema da OAB

Fundamento: Ex.: Súmula 114 TST (inaplicável na Justiça do Trabalho prescrição intercorrente)

Conclusão: Por todo arrazoado requer a reforma da respeitável decisão e que o processo retorne à Vara do Trabalho de origem para o seu devido processamento. (No caso quero que volte e penhore a empresa)

Ou, quando se tratar de discussão de porcentagem de tributo:
Desta forma requer a reforma da r. sentença de folhas, aplicando a base de cálculo devida conforme apontado anteriormente a este Douto Juízo.

Requer que o presente recurso seja recebido no duplo efeito (esta frase **somente** quando a agravante for a empresa)

Requer, ainda, que o presente recurso seja conhecido e provido pelos mais puros motivos de JUSTIÇA.

Nestes termos,
Pede deferimento.
Local e data.

Nome, assinatura e OAB do advogado.

RECURSO DE REVISTA na execução (acórdão no TRT que cabe RR p/ TST; só de matéria constitucional; usar só arts. da CF e súmula da CF)

End: Excelentíssimo Senhor Doutor Juiz Presidente do Egrégio TRT da ___ª Região

Processo nº

Qualificação simples: B", já qualificado no processo acima descrito, por seu advogado que esta subscreve na RT proposta por "A", inconformado com o Venerando Acórdão de folhas, vem tempestiva e respeitosamente à presença deste Douto Tribunal interpor:

RECURSO DE REVISTA

com base no art. 896, alínea "c" da CLT, de acordo com as razões em anexo, as quais requer que sejam recebidas e remetidas ao Egrégio T S T.

 A matéria já está devidamente prequestionada conforme Súmula 297 do TST.
 O presente recurso está em consonância com a transcendência do art. 896 "a" da CLT.
 Para encerrar, o presente recurso está em acordo com a Instrução Normativa nº 23/03.
 As custas serão recolhidas ao final.

Nestes termos,
Pede deferimento.
Local e data.

Nome, assinatura e OAB do advogado.

RAZÕES DO RECURSO DE REVISTA

(pular 2 linhas)

Origem: TRT da ___ª Região.
Processo nº
Recorrente: "B"
Recorrido: "A"

(pular 2 linhas)

    Egrégio Tribunal Superior do Trabalho
    Colenda Turma
    Doutos Ministros

1. RESUMO DA EXECUÇÃO

2. CABIMENTO DO RECURSO DE REVISTA

(explicar cada um destes requisitos: livro de direito processual lhe dá os requisitos)

prequestionamento: (já mencionado na interposição; dar mais detalhes)

transcendência: (é o art. 896 "a": são os motivos determinantes para interposição do RR; para a OAB são geralmente motivos jurídicos, porque existe afronta à lei)

IN 23/03 (questões de ordem administrativa: juntada de procuração, ...)

Prazo

Custas (só)

Que só cabe de CF (art. 896, § 2º), pois é na execução, conforme será demonstrado a seguir.

3. (cabe) PRELIMINAR (normalmente não se tem; sempre refere-se a questão processual) (protesto inconformismo – houve nulidade – vai ter retorno para se sanar o vício)

4. DA REFORMA DO VENERANDO ACÓRDÃO (dos motivos da reforma ...)

    4.1 Do (Não) Cabimento de _____

Fato: Problema da OAB.

Fundamento: CF (art 7º) + Súmulas STF + doutrina

Conclusão: Desta forma, diante dos fatos narrados e da legislação exposta, requer a reforma do venerando acórdão, exemplo: com o objetivo de alterar a porcentagem aplicada e aplicação da determinada na fase de conhecimento.

    Requer, ainda, que o presente recurso seja conhecido e provido pelos mais puros motivos de JUSTIÇA.

Nestes termos,
Pede deferimento.
Local e data.

Nome, assinatura e OAB do advogado.